ニューロサイエンス・オブ・アダルトラーニング

脳科学が明らかにする大人の学習

サンドラ・ジョンソン＆
キャスリン・テイラー［編著］
Sandra Johnson & Kathleen Taylor

川口大輔 ＆ 長曽崇志［訳］
株式会社ヒューマンバリュー

The Neuroscience of Adult Learning

目次

訳者まえがき v

エディターズノート xi

第1章　学習に関する脳の特徴を探る 15

ジェームズ・E・ズル（James E. Zull）

この章では、脳を基盤とした成人学習のモデルを実践的に紹介します。

第2章　成人学習をニューロサイエンスから理解する 25

ルイス・コゾリーノ（Louis Cozolino）

スーザン・スプロケイ（Susan Sprokay）

この章では、学習のプロセスの中で、いかに脳が変化するかを紹介します。また特に、成人学習の教育者、およびメンターのファシリーテーターとしての役割にも、焦点を当てています。

第3章　恐れと学習の関係—成人教育の学習プロセスにおけるトラウマに関連する要因を探る 39

ブルース・D・ペリー（Bruce. D. Perry）

幼少時代の不運な学習経験が成人の生涯における学習能力に影響を及ぼすかもしれません。この章では、成人教育者への示唆が提示されます。

第4章　心理療法における脳の自己修復とは—教育にとっての意味合いを考える 51

コリン・A・ロス（Colin A. Ross）

心理療法にみられる教育的なプロセスは、学習を通した脳の修復モデルを提供します。

第5章　学習における意味や感情が果たす役割を理解する 59

パット・ウォルフェ（Pat Wolfe）

脳は、パターン発見の器官であり、既存の神経ネットワークを洗練、もしくは、新たに生み出すことで、意味をつくろうとします。これが学習です。また、感情は学習や記憶することに影響を及ぼします。

第6章　経験、意識、学習とは—インストラクションへの意味合いを考える　69
バリー・G・シェックリー（Barry G. Sheckley）
サンディ・ベル（Sandy Bell）
この章では、学習と意識における経験の主要な役割にハイライトを当てます。また、成人学習の教育者に推奨される、経験に基づいたインストラクションのプロセスの概要を説明します。

第7章　意味のある学習と脳の実行機能の関係を探る　83
ジョフリー・ケイン（Geoffrey Caine）
リネト・ヌメラ・ケイン（Renate Nummela Caine）
脳の実行機能に関する研究は、教育や学習における構成主義や経験的なアプローチの裏づけとなっています。

第8章　メンターと学習者の関係性をニューロサイエンスから考える　97
サンドラ・ジョンソン（Sandra Johnson）
社会的認知ニューロサイエンスは、メンターと学習者の関わり合いの中で起きる、発達に向けた学習に科学的な理解を与えます。

第9章　脳の機能と成人学習—実践に向けて　109
キャスリーン・テイラー（Kathleen Taylor）
脳の機能に関する近年の発見によって、成人学習のベストプラクティスが、発達を伴った成人の成長にどのように寄与するかが、明らかにされています。

著者紹介　133
訳者紹介　135
日本語版　付録　136

訳者まえがき

株式会社ヒューマンバリュー　川口大輔、長曽崇志

この本の背景―広がるニューロサイエンス（脳科学）のムーブメント

近年、人材開発や教育、マネジメント、働き方の変革などの領域において、「ニューロサイエンス」の知見を生かそうとする取り組みが広がってきています。ニューロサイエンスは、日本語にすると、脳科学や神経科学と訳されます。日本においても昨今メディア等で取り上げられることも多いので、関心をもっていらっしゃる方も増えていると思われます。

毎年 10,000 人近くがグローバルから参加する世界最大の人材開発の国際会議 ATD（Association for Talent Development、旧 ASTD）においては、2014 年より「サイエンス・オブ・ラーニング」という新しいトラックが立ち上げられました。その中では、たとえば「学習とニューロサイエンス」「脳を活用したコーチング」「ニューロサイエンスと従業員のエンゲージメント」など、ニューロサイエンスをテーマにしたセッションが数多く行われていますが、満席で入れなくなるほど人気を博しています。ATD の CEO であるトニー・ビンガム氏は基調講演において、「私たちはニューロサイエンスによって、人材育成を加速させる方法を探し出そうとしています。ニューロサイエンスは個人や組織にとって、素晴らしいものをもたらしてくれると期待しています」と述べ、この領域を発展させていきたいという考えを発表しました。

また、ニューロサイエンスの知見を適用したリーダーシップ開発の実現を目指す、研究機関でありコンサルティング・ファームであるニューロリーダーシップ・インスティチュートは、2007 年から毎年、ニューロリーダーシップ・サミットを開催しています。2015 年にニューヨークで開催されたサミットには、フォーチュン 500 企業から IT 系の新興企業、大学の研究者など 500 名以上の参加者が集い、17,000人がネットでの中継に参加しました。そこでも「リーダーの早期発掘」「報酬とモチベーションのリンク」「ダイバーシティを阻害するバイアス（偏見）」「変革の加速」など様々なテーマが、科学的なエビデンスに基づいて議論されていました。同インスティチュートの CEO を務めるデイビッド・ロック氏は、「人間は一見、合理的かつ論理的に動くように思われがちですが、実態は異なります。生物学的な側面から人間の思考や行動を理解する必要があ

ります」と述べ、人の学習やリーダーシップの向上を支援する人々が、ニューロサイエンスへの理解を深めることの重要性を説いています。

このように現在トレンドとなりつつあるニューロサイエンスですが、大きく研究が進化し始めたのが、1990年くらいからといわれています。米国における1990年から2000年は、当時のブッシュ大統領によって「脳の10年」と位置づけられ、多額の予算のもと、多くの研究プロジェクトが進行しました。また、1990年代にｆ MRI（functional magnetic resonance imaging：機能的磁気共鳴画像法）という技術が確立され、血流動態反応を視覚化することで、脳の内部の活動を直接見ることができるようになり、このことが脳の研究に大きく貢献しました。この技術によって、それまで間接的にしか研究できなかった、人の認知や感情といった抽象的な機能が、実際にどのような神経回路によって担われているかということについて、直接的に研究できるようになりました。

米カリフォルニア大学サンディエゴ校の脳認知センター所長であるラマチャンドラン博士は、人間のものの見方が変わった４つの転換期を挙げています。１つ目がコペルニクスによる地動説、２つ目がダーウィンによる進化説、３つ目がフロイトによる無意識の発見であり、これらによって、それまで当たり前と思われてきたパラダイムが転換しています。そして、４つ目の転換点が脳の革命にあるといいます。脳の研究・理解を通して、これまで当たり前だと思われていた教育やマネジメントのあり方、コミュニケーションのあり方、働き方やモチベーションの高め方などが本当に正しかったのかということを、科学的な裏づけに基づいて（Evidence-Based）検証したり、新たな仮説を打ち出していこうという動きが急速に高まっているといえます。

パフォーマンス・マネジメントの変革の動き

そして、このニューロサイエンスの研究による裏づけを受けて、現在大きな変革が起きているのが、「パフォーマンス・マネジメント」の領域です。パフォーマンス・マネジメントとは、企業が、社員やチーム、組織のパフォーマンスを管理してゴールや目的を効果的に達成する取り組みの総称であり、社員の業績評価なども含まれます。

今、マイクロソフト、GE、ギャップ、ファイザー、アドビ、シアーズなど、米国の先進的企業の多くが従来型の業績評価のあり方を見直しています。具体的には、社員をレーティング（段階付け）して評価することをやめ、上司や部下、あるいは同僚同士が日常の中で頻繁にカンバセーション（会話）やフィードバックを行うことで、社員の学習と成長、そして価値の創出を促していけるような制度や環境、文化を築いていくことに舵を切っており、大きな注目を集めています。2015年までには55社がレーティングによる評価を廃止しており、2017年までには、フォーチュン500の50%が評価・ランキングを廃止し、継続的なフィードバックモデルを採用するのではないかといった予想も出ています。

こうした動きを後押ししている心理学・脳科学による知見の1つに、スタンフォード大学のキャロル・ドゥエック教授らが行っている、「マインドセット」の研究があります。ドゥエック氏は、人々の学習と成長に関するマインドセットを大きく2つに分けて捉えています。

1つは、「フィックスト・マインドセット」(Fixed Mindset)と呼ばれるもので、これは、「自分の能力は固定的で変わらない」という考え方に基づいています。こうしたマインドセットをもつ人は、失敗したくないという意識が強く、他人からの評価ばかりが気になり、新しいことにチャレンジしなくなったり、すぐにあきらめてしまい、成長につながりづらいという傾向があります。

もう1つは、「グロース・マインドセット」(Growth Mindset)と呼ばれるもので、これは、「自分の能力は努力と経験を重ねることで伸ばすことができる、開発することができる」という考え方に基づいています。こうしたマインドセットをもつ人は、失敗を恐れず、学びを楽しみ、他人の評価よりも自身の向上に関心を向け、成長が促進されやすい傾向があります。

昨今のVUCAと呼ばれるような、変化が激しく、複雑性、曖昧性が高いビジネス環境の下では、一人ひとりが仕事に情熱を傾け、ストレッチなゴールに主体的にチャレンジし、創造性を発揮して、新たな価値を生み出していくことが重要です。そのためには、個人、そして組織の中にグロース・マインドセットをいかに醸成していくかがキーとなります。しかし、これまでのパフォーマンス・マネジメントや人事評価制度は、人々を数字でレーティングすることによって、多くの場合、人々のフィックスト・マインドセットを助長してきました。上述のデイビッド・ロック氏は、レーティングによる評価が人々の恐れや不安を招き、脳の扁桃体が刺激され、闘争・逃走反応(fight-or-flight response)を引き起こして、人々にネガティブな思考や行動を取らせてしまう懸念があることを、ニューロサイエンスの見地から明らかにしています。

そうした研究結果をエビデンスとして、今多くの企業が自社のパフォーマンス・マネジメントのあり方を見直し、グロース・マインドセットに基づいた学習する組織を構築しようとしています。そして、その探求と実践の動きは日本においても広がっています。2016年３月18日には、ヒューマンバリュー主催（パフォーマンス・マネジメント革新研究会共催）のもと、「パフォーマンス・マネジメント革新フォーラム」（http://www.pmi-forum.com/）が開催され、180名を超える人々が集いました。そこでは、日本において先行的な実践を行っているギャップ、GE、マイクロソフトで変革に取り組んでいる方々から、具体的な事例や得られた学び・発見が共有されたり、日産自動車、パナソニック、三菱商事、リクルートなどで人事や人材開発に取り組む方々が、このトレンドを踏まえて、日本においてどんな可能性があるのかをパネル・ディスカッションで探求するなどを通して、多くの洞察が生まれました。ニューロサイエンスを１つの起点としたこうした動きから、私たちの働き方や成長のあり方が、本質的により人を大切にしたものへと変革していくことが期待されます。

学習のあり方のシフト

また、ニューロサイエンスを生かして学習のあり方を革新していこうという動きも加速しています。たとえば、本書でも取り上げられていますが、学習者がポジティブな感情を抱くと、記憶を司る海馬へと信号が送られ、長期記憶が強化され、行動にもつながりやすいといった脳の作用を踏まえて、感情を生かした研修プログラムのデザインやファシリテーションのあり方が研究されています。

その他にも、上述したATDでは、昨今のテクノロジーの進化も受けて「バイト・サイズ・ラーニング」や「マイクロ・ラーニング」といった言葉をよく耳にします。これは、職場において５～７分といった短い時間での学習を反復して行うことを意図した取り組みを指しており、多くの企業が、そうした学習コンテンツをモバイルやネットワーク技術を最大限に生かしながらいかにデザインするか、またそうしたナレッジが学習者間で相互共有されるようなエコシステムをどう築いていくかといったところに注力しています。この背景にも、長時間のイベントとしての学習だけではなく、短い時間で繰り返し学習していくことが、行動変容や学びの定着に影響があることを調査したニューロサイエンスの研究があります。

その一方で、カリフォルニア州立大学ドミンゲス・ヒルズ校のラリー・ローゼン教授ら、多くの研究者が、若者のスマートフォンやWebの使用頻度が高いことが、脳の指令機能である前頭皮質にマイナスの影響を及ぼし、脳の伝達機能が低下するといったことに警鐘を鳴らしています。スマートフォンや

Web に触れずにリセットする時間を意図的に取ったり、瞑想、自然散策、運動、笑う、友人との会話、温かいお風呂に入るなどで、脳の負荷を減らすことが重要といった提唱が行われています。

その他にも、本書でも取り上げられる、ソーシャル・ブレイン（社会的な脳）やソーシャル・ニューロサイエンスの考え方への関心も高まっています。脳が社会的な相互作用の文脈の中で最も活性化するという事実に基づき、周囲との関係性を構築しながら、いかに意味ある学習を生み出していくかといった研究が行われています。ATD のカンファレンスに参加する中でも、決められたゴールに向けて、権威から与えられる知識を適切に学習させ、均質化した人材を育てるような機械論的・客観主義的な世界観から、一人ひとりの強みや主体性を大切にし、日々の経験や他者との関わりの中から自律的・協働的に学び、創造性を育んでいくような生命論的・社会構成主義的な世界観への変化が感じられますが、その背景にもニューロサイエンスの影響があると思われます。

このように、時代環境やテクノロジー、また世界観の変化も伴って、学習のあり方についても様々な実験的試みが行われています。

本書を読むにあたってのガイド

こうしたニューロサイエンスの様々な最新の研究によって、脳の機能や特性を踏まえて育成を行っていくことが、人々の学習や変化により良い影響を及ぼすことが明らかになってきました。

本書では、「脳科学が明らかにする大人の学習」というタイトルが示すように、ニューロサイエンスの研究に基づいて、成人の学習の意味やあり方、また何が大人の学習を促進し、抑制するのかについての知見が述べられています。また、これまでの成人学習の理論や実践のポイントを、脳科学の観点から再考し、成人教育に関わる人々にとっての指針をあらためて提示しようとしています。

本書には大きく２つの内容が含まれています。１つは、ニューロサイエンスの研究によって明らかになった脳の神経系の基本構造や脳の各部位がもつ機能や特性についてです。もう１つは、それらの機能や特性によって起こる大人の学習の原理やその原理を踏まえた教える側の学ぶ側に対する関わり方についてです。章立てについては、全９章から構成されており、神経科学者、神経生物学者、臨床心理学者、教育者など、それぞれの分野における専門家によって各章完結型で書かれています。専門家によって書かれた本ではありますが、一般の人材育成や教育現場に携わる方を対象に、身近な事例を交えながら、できるかぎり平易かつ端的な内容で書かれていますので、ニューロサイエンスの予備知識がない人でも安心して読み進められると思います。各章のタイトルや概要については、目次やエディターズノートをご覧ください。

本書の読み方としては、ニューロサイエンスや学習理論に関する知識を体系的に学びたい方は、最初から順番に読み進め、順を追って徐々に理解を深めていくのもよいかと思います。また、すでにこの分野の基本知識をお持ちの方や職場や教育現場で人材育成を実践されている方は、目次やエディターズノートなどを参照しながら、ご自身が関心のある章を選んで読んでみるのもよいかもしれません。また、読み進めていると、関心の幅が広がり、内容に関連した情報やあるテーマやトピックについて、より深い背景情報を知りたくなることがあるかもしれません。その場合は、各章末の参考文献をご覧の上、そこに掲載されている著者をはじめとした他の専門家の著書名、論文名、記事名などをご参照いただくと、そのヒントや糸口が得られるかと思います。また、その他脳科学に関する書籍を手に取って併せて読んでみると、本書の内容をより理解するための助けにもなるでしょう。

最後に、本書を読むことで、読者の皆さんにとって様々な意味や価値を見出していただければ訳者としてもうれしく思います。たとえば、ニューロサイエンスや大人の学習に初めて触れる方は、脳機能を理解することでより良い学習を推進する上での本質的な視点を得ることができるかもしれません。また、すでに人材育成や教育の実践者として取り組んでいる読者の皆さんにとっては、ニューロサイエンスの観点から、ご自身がこれまで実践してきた学習や教育の支援のあり方を見つめ直す機会になるかもしれません。

本書でも述べられていますが、ニューロサイエンスは新しい領域であり、これからさらに発展が望まれるものです。脳についてはわかっていないことのほうがまだまだ多いといえます。正解を得ようとするのではなく、本書の知見も参考にしながら、私たち自身が「グロース・マインドセット」を大切にして実践と探求を繰り返し、本質的な学習のあり方を模索していく機会になることを願っています。

エディターズノート

多くの成人学習の教育者は、日々の取り組みや実践を行う際に、観察や経験、事例から得られた証拠や哲学的な方向性に頼っています。その一方で、教育者が頼りにしているものとは相反する指針が、「学習とは何か」「学習はどのように起こるのか」について説明しようとする心理学的見解や社会学的分析から打ち出されてきました。しかしながら、脳の撮像技術の出現によって、今日においては、実際の学習の様子が神経生理学の観点から明らかになってきました。これにより、脳が学習においてタスクを行う際に活用する回路を追うことができるだけでなく、どのような学習環境が最も効果的であるかも推測することができるようになってきました。本書は、こうしたリサーチを成人向け生涯教育分野の仲間にもっと活用してもらいたいという願いから執筆したものです。

また、私たちは、自身の成人学習者としての経験からも、執筆に至る深い影響を受けてきました。私たちは２人とも、取得途中であった学士号を修得するために、中年期に大学へ戻りましたが、その経験が人生を変えるようなものになるとはまったく想像もしていませんでした。私たちは卒業して数年後に再会し、この種の変形教育を他の成人学習者にもより幅広く活用してもらえるようにしたいという共通のコミットメントを見出しました。それゆえに、本書では、新たなものの捉え方や見方、そして可能性をもたらす脳の変化をサポートする教え方や学び方を強く打ち出しています。

過去 10 年間において、科学者ではない読者を対象に、脳の内部の働きについてのいくつかの研究が発表されました。本書では、こうした研究に携わった数人が著者として執筆にあたっています。脳神経生物学者に加え、より効果的な教え方と学び方を追求するために、脳を変化させる最良の方法の研究に貢献してきた教育者も関わっています。また本書では、改善されてきた心理療法の効果と、現在理解されている脳の機能とのつながりを実証した臨床心理学者にも、協力してもらいました。

また、こうした臨床心理学者の所見については、今後もさらに解明するだけの価値があるでしょう。臨床心理学者と教育者は、異なる環境（教室と治療室）と意図（学習促進と精神的な安定の促進）をもって取り組んでいますが、カウンセラーやセラピストと教育者が実現したいことは、かなり重なっています。両者とも人々の考え方や理解の仕方に関心をもっています。また、両者ともクライアントや学習者が様々な環境において、もっと効果的に変化できるようになることに重点を置いています。本書においても記述していますが、成人学習の教育者は、セラピストのように振る舞うことはしませんが、接する相手の感情表現にある程度関心を向ける必要があるのです。臨床心理学者と教育者という２つの専門家の役割がもつ共通点や相違点については、本書の中でより詳しく述べています。

本書は、脳機能と学習という２つのテーマに焦点を当て、構成されています。第１章では脳とその働きの概要について、教育者の実践にとっての意味に特に焦点を当てながら紹介しています。生化学者でかつ生物学者のジェームズ・ズル（James Zull）は脳の構造について述べ、脳の機能と多くの成人学習の教育者にとってなじみのあるコルブ（Kolb）の学習モデルを結びつけています。第２章では、臨床心理学者のルイス・コゾリーノ（Luis Cozolino）とスーザン・スプロケイ（Susan Sprokay）が、メンターと学習者の関係が「社会脳」にどのようなインパクトを及ぼすかについて意見を述べます。彼らは成人学習の原則や、学習によって起こる変化と心理療法によって起こる変化の原則を推定します。

第３章と４章では、幼少期のトラウマが脳に与える影響を探求します。精神科医のブルース・ペリー（Bruce Perry）が、ストレスの原因となる経験によって成人学習がどのような影響を受けるかについて、詳しく説明します。彼はまた、成人学習の教育者がストレスによるネガティブな効果をどのように認識し、弱めることができるかについて述べます。また、コリン・ロス（Colin Ross）は精神科医として、そして教育者としての実践に基づき、過去に受けたトラウマを和らげるだけでなく、神経回路の再組織化である「脳の自己修復」によって、現在もっている潜在的な力を強化できるということが、教育にどのような意味をもたらすかを明らかにします。

第５章から第９章までは、現在理解されている脳機能に基づいた教育者の実践にスポットライトを当てています。第５章では、パット・ウォルフェ（Pat Wolfe）が学習における感情の重要性について探求します。彼女はまた、神経生理学的視点から、構成主義アプローチを支持します。第６章では、バリー・シェックリー（Barry Sheckley）とサンディ・ベル（Sandy Bell）が、脳が学習や意識の基盤として経験をどのように活用するかについて、詳しく説明します。また、教育者がその理解をどのように実践に活用できるかを詳しく述べます。

第７章では、ジェフリー・ケイン（Geoffrey Caine）とリネト・ヌメラ・ケイン（Renate Nummela Caine）が、構成主義と脳の「実行機能」に関する現在の見解について探求します。また、より効果的な学習に成人学習者を巻き込む戦略についても述べます。第８章では、サンドラ・ジョンソン（Sandra Johnson）が、認知ニューロサイエンスや社会認知ニューロサイエンスの見解によるメンターと学習者の関係性についての研究から、メンターの役割について詳しく説明します。最後に第９章では、キャスリーン・テイラー（Kathleen Taylor）がベストプラクティスや構成主義的発達論と脳機能を結びつけ、変形学習の成果を促す方法について述べます。

編集者
サンドラ・ジョンソン（Sandra Johnson）
キャスリン・テイラー（Kathleen Taylor）

第 1 章

この章では、脳を基盤とした成人学習のモデルを実践的に紹介します。

学習に関する脳の特徴を探る

ジェームズ・E・ズル（James E. Zull）

認知ニューロサイエンスの分野は急速に発展しており、日々新たな発見がなされています。成人学習に携わる中で、こうした神経系の基本構造を理解し、神経回路の変化を通じて起きる学習の原理を知ることは、物事の本質を見る力を与えてくれます。しかしながら、進化する最先端の研究を理解するためには、基礎知識を築くことが不可欠です。そのため、この章では、基本となる原理を紹介していきたいと思います。

脳はどのように構成されているのか

すべての神経系は、同じ基本構造（bauplan）を有しています。この基本構造には、外部の刺激に反応する「感覚野」、行動を生み出す「運動野」、そして「感覚野」と「運動野」をつなぐ「連合野」があります。連合野は、感覚野と運動野をシンプルに直接つなぐ場合もありますし、フィードバックと反復機能に表されるような、複雑なネットワークを介してつなぐ場合もあります。

神経系の中で、大脳の表面を覆っている複雑な細胞の層である大脳皮質は、認知機能を最も強く司る脳の部位です。この大脳皮質の中でも「大脳新皮質」は、最後に進化したと考えられており、感覚、連合、運動の機能が分離されています。

また、大脳新皮質の中で、信号伝達は次のような順序で行われます。

感覚 → 連合 → 運動

この順序で信号が伝達されることで、生命体は、変化する環境を常に感知し（感覚）、系統的･計画的な動き、あるいはより身体に埋め込まれた習慣（連合）としての身体的な動き（運動）を取ることができ、変化する環境へ適応することが可能になるのです。

人間の大脳では、大脳新皮質の最も大きな部分を連合野が占めており、個別の働きをもつ、2つの大きな連合皮質の領野があります。1つ目の連合皮質は、大脳新皮質の後方の部分にあります。この領野は、形や色など、インプットされた知覚情報がもつ様々な特徴をお互いに関連づける機能を担っています。

こうした連合の働きは、認知的な理解において必要不可欠ですが、必ずしも即座に起こるとは限りません。実際、未解決の問題に対するひらめきは、関連づけ（連合）にある程度の時間をかけることによって促されるという側面があります。また連合は、私たちが内省しているとき、あるいは眠っているときなど、競合する機能である感覚や運動の働きが最小限にとどまっているときによく起こります。時間とともに、私たちの理解や連合は変化し、育まれるのです。

2つ目の連合皮質は、大脳の前方の部分を占めています。この領野は、意識の関連づけ、および問題解決や創造的な活動に不可欠な機能である記憶と知覚経験の操作に深く関わっています。また、この領野は、特定の目的を達成するために、行動の計画を立てるという機能を主に担っています。大脳新皮質の前頭連合野は、運動野に信号を送ります。運動野では、ニューロンが体の筋肉と直接結びついており、動き（アクション）をコントロールするのです。

これまでに紹介した、大脳新皮質の4つの領域[*1]に加えて、脳の基本構造（bauplan）には、もう1つ根本的に重要な要素があります。それは、ニューロンの内部成長です。これは感覚→連合→運動の一連のプロセスには入っていません。この機能は、信号の伝達を修正し、ある信号をより頻繁に、その他のものはより少なく、あるいはより長く続くようにしたりします。こうした機能をもつ細胞は、化学物質を運ぶニューロンと考えられています。これらは、皮質ニューロンを化学物質で満たし、信号伝達に変化を起こします。こうした変化は、通常の信号伝達よりもずっとゆっくりと進みます。そのため、この化学物

1. 感覚野、後頭連合野、前頭連合野、運動野

質は、「遅い神経伝達物質」と呼ばれることもあります。進化の側面からいうと、この神経伝達物質は太古から存在するものですが、その機能は感情と関わりがあるということが今日明らかになっています。アドレナリンやドーパミン、セロトニンなどがその例として挙げられます。

脳における学習と変化

「学習とは変化することである」という主張は、単なるメタファーではなく、物理的な事実です。つまり、学習によって人の脳は物理的に変化するのです。この変化は、多くの生命体の様々なレベルで起きています。学習の際に起きる大脳新皮質の変化に関する研究で行われたある実験では、次のような結果が得られています。ジャグリングを習得しようとする人たちの大脳新皮質を検査したところ、ものの動きを知覚する領野である小さな感覚野の密度の上昇が見受けられました。そして、しばらくしてジャグリングのやり方を忘れると、この領野の密度が減少していたのです（ドラガンスキー <Draganski> 他、2004年）。「使わなければ、失うのです！」この実験を含めた多くの実験で、皮質ニューロンによって伝達信号が増加すると、より多くの神経突起の成長が促され、それによって細胞物質の密度が上昇し、他のニューロンとのつながりが強まり、より多くのシナプスを形成することが示されています。

こうした変化は、脳の中でも使用された部分においてのみ起こります。また、こうした変化は、学習体験に従事した特定のニューロンが繰り返し燃焼することや、これらのニューロンの周りにある感情に関わる化学物質の存在によって生じるのです。

４本の柱

ここまで述べてきた変化の本質から、学習は、使用された大脳新皮質の領野の大きさに比例して、力強く、そして長く継続するということがわかります。より多くの皮質の領野が使われると、より多くの変化が起きるのです。したがって、学習経験は、大脳新皮質の４つの主要な領野（感覚野、後頭連合野、前頭連合野、運動野）を活用するようにデザインされるべきといえます。このことから、学習における4つの基本的な柱が特定されます。その柱とは、収集する、内省する、創造する、検証するの４つになります。経験を積んだ成人学習の教育者であれば、おそらくこの４つの柱から、コルブ（Kolb）の学習サイクルを連想するでしょう。この学習サイクルは、大抵の場合「把握する（つかむ）」という具体的な経験から始まって、内省と抽象化（活用できる理論を創造する）を経て、実験で終了します。

データを収集する

情報を得ることは、学習にとって必要不可欠です。この柱が、あまりにも基本的なものであるため、時には他の柱が無視されてしまうことがあります。たとえば、学校教育やそれ以外の学習環境において、情報を得ることが唯一のゴールとなっている場合などがそうです。こうした考え方は、情報が詰め込まれた授業こそが、より良い授業であるという仮説につながりかねません。

ここで覚えておきたいことは、知覚すること（つまり、情報を得ること）が、即座に理解につながるわけではないということです。大脳新皮質の感覚野に与えられたデータは、単なるデータにすぎないのです。このことを理解する上で、コンピュータが良い例となります。大脳新皮質の感覚野で集められた情報は、コンピュータでいうところのビット（情報の単位）のようなもので、それ自体は、何の有益な意味をもちません。学習とは、データを収集することとイコールではないのです。

しかし、データを収集することはとても重要です。それぞれの知覚には独自の働きがあります。視覚は、知覚情報の中で間違いなく最も有力な情報であり、存在する物体に関する正確な空間情報を与えてくれます。インプットされた物体は、大脳新皮質にマッピングされ、このマップはイメージの要素となり、言語とともに、認知や思考の基礎となります。聴覚データは、言語の核となるものであり、認知的内容と感情的内容の両方が含まれます。また、位置に関する大まかなマッピング情報も与えてくれます。触覚は、視覚の代役を果たし、自分の手が届く範囲にあるもののマップをつくり出し、手触りや硬さなどの情報を与えてくれます。嗅覚や味覚は、感情システムを通して感知される定性的情報を生み出します。甘味、酸味、芳香性、腐臭などすべてが、私たちの体に経験を引き起こし、後に感情として解釈されるのです。これらの感情は、感覚情報の一部となり、感情的な反応を生み出すことで感覚を豊かにします。

内省する

新しいデータは、大脳新皮質の感覚皮質から、脳の後部にある連合野へと流れます。この流れにしたがって、情報のかけらは融合し、より大きく意味あるイメージを生み出し始めます。これらの領野には、ヒエラルキーが自然に存在していて、小さな情報のかけらを提供する次元の低いものが集まって、より次元の高いものとなります。こうした連合の機能によって、私たちは、物体や行動を分類したり、ラベルづけしたり、それらに固有の空間的な関係性を特定しているのです。究極的には、触覚や聴覚など身体的に得た情報の関係性によって、自分自身の中の一般的な関係性[*2]が生み出されます。たとえば、後頭連合野にある空間的な関係性を認識する領域は、物体や経験、人々の相対的価値を評価することに深く関与しています。こうした評価・判断が空間的な関係性を認知する領域に基づいているということは、たとえば、「どちらが先か＜重要か＞？」("Which is in front?") といった比喩的な表現からもわかります。

連合は、知覚データの要素間だけでなく、記憶の間でも起こります。つまり、物事の理解や解釈は、新しい出来事と過去の出来事が連合されることによって深まるのです。引き出せる過去の出来事が多ければ多いほど、より強固な意味をもつようになります。このことは、ポジティブな結果とネガティブな結果の両方をもたらします。たとえば、「学習ができない」とか「文章が下手」などと言われたことに傷ついた経験のある成人は、学習に対して、強固な感情的障壁をもっているかもしれません。しかし、良い側面として、こうしたネガティブな経験を踏まえて、深い内省やさらなる自己分析に活用できるような課題を与えることができれば、学習者がネガティブな経験をリフレームする（新たな意味を見出す）機会にできるかもしれません。

新たな情報を理解する能力は、後頭連合野にある、イメージを集積する機能に深く基づいています。これらのイメージは、記憶され、思索の道具として活用されます。そして突き詰めていくと、身体的なイメージは私たちが使う言語の比喩となります。たとえば、私たちが理解したときに、"I see"（私は見える、わかった）と言うようにです。

前述したように、こうした情報のかけらや記憶、イメージが集積され、連合されることは、学習の中でも最も進行が遅い工程であると考えられます。そして、時間がかかり、データを何度も繰り返し再生することが求められます。また内省も必要となります。「どれだけの範囲をカバーできたか」が最も重要なゴールとなってしまっている学習の場では、こうした内省は軽視されがちです。あるいは、内省が学習を促す側の意図によってすべて導かれてしまい、意味を

---

2. 優先順位や価値の尺度など

生み出すというよりも、「正しい答え」探し〔「正解のある意思決定」(ゴールドバーグ <Goldberg>、2001年)〕になってしまっています（本書、テイラー <Taylor> による第９章参照)。

創造する

後頭連合野から前頭連合野へと流れる特定の意味は（知覚情報のかけらでさえも)、意識的な思考やプランニングの基盤となります。これには、ワーキング・メモリーと呼ばれるものが関わります。関連のある個別の概念や事実、意味のいくつかは、意図的にワーキング・メモリーに挿入されます。そして、関連性が決定づけられます。たとえば、タイヤを交換しようとするとき、馬（あるいは道）の情報ではなく、タイヤと車に関する情報が活用されます。選択された情報は、問題への解決策が生まれるように操作されます。タイヤ、ジャッキ、そして車の活用が、順序正しく、系統立てて行われます。最初にジャッキを手に取り、車を持ち上げ、タイヤを取り外すというようにです。しかし、このプランは、ただのやることのリストではありません。全体として、１つの理論となり、抽象化されるのです。

こうしたプランや理論、抽象化は、イメージや言葉の組み合わせで構成されます。これらは、目的のために、選択され、操作された意図的な連合の結果として生み出されたものです。これは前頭連合野の機能であり、学習の最も高度な側面だといえます。意図や回想、感情、意思決定、判断などが含まれ、深い理解を促すためにはこれらすべてが必要なのです。

検証する

自分たちの理論を検証することは、学習の最終的なステップです。検証には活動を伴う必要があり、脳の運動野を活用します。理論は、学習を完了するために、つまり、私たちの理解が現実といかにマッチするのかを発見するために、行動によって検証される必要があります。さもなければ、「活用されたり、検証されたり、新たな組み合わせに取り込まれることなしに、単に意識に受け取られただけ」という不活性な状態にとどまります（ホワイトヘッド <Whitehead>、1929 年、p.1)。

アイデアを書き記したり、話したりすることは、活動を伴う検証の１つの形でもあります。こうした行為は、脳の運動野から信号を生み出す身体的な行動です。発せられた信号は、体が感知することになります。このプロセスでは、頭の中のアイデアを身体的な出来事へと転化します。つまり、抽象化されたものを今一度具体的な経験へと転化し、学習サイクルを継続させるのです。

感情の基盤

前述したように、大脳新皮質のすべての領野は、感情の化学物質を分泌する他のニューロンのネットワークに絡み合っています。これらのニューロンの細胞体は、最も古くから存在する大脳の部位である脳幹に位置しますが、そこから派生する神経突起は、大脳新皮質のすべての領野に広がります。感情のシステムは古来から存在しますが、今日においても私たちの脳全体に影響を広げています。

感情は学習の基盤となります。感情の化学物質は、学習サイクルの各パートの強度や寄与度を修正するように働き、影響を受けたそれぞれのニューロンのシグナルを伝達するシステムに直接的にインパクトを与えます。たとえば、聴覚野において、感情の化学物質を実験的に操作すると、高音や低音への反応性が大きくつくり直されます（キルガード <Kilgard> とメルゼニッヒ <Merzenich>、1998 年）。

知恵への窓を開く

私たちが成人になるに従って、閉じてしまう学習の窓がいくらかあることは明らかです。たとえば、脳における視覚や言語の領域の成長は、年齢を重ねるとともに緩やかになります。しかしながら、神経学的な観点から、どんな学習にも年齢的な限界は存在しないということが強く主張されています。これは、成人にとって明るい兆しであり、知恵への窓が開き始めるかもしれません。

この主張は、学習とは、私たちがすでに知っていることを継続的に修正していくプロセスにあるという考えに基づいています。この構成主義的な観点は、ニューロサイエンスによって強く裏づけられていると思われます。シナプスの変化は、ニューロンが極めて活性化していて、感情的な化学物質に満たされているときにはいつでも発生します。前述したジャグリングの例が示すように、私たちのネットワークは、経験を積むとともに、より複雑に、そして密度がより濃くなります。この神経系の複雑さは、知恵の構成要素となり得ます。それは、知識の生態学的な形態であり、自身がもつ知識が複雑になればなるほど、重要な要素を正確に表現する能力が高まり、価値のあるものとそうでないものを分けることができるようになります。そして、賢明な選択や優れた計画を立てる能力が高まるかもしれません。私がここで「かもしれません」といったのは、知恵は定義することが難しいからです。知恵に関するすべての定義は、複雑性を認識したり、経験するという範囲を超えています（スタンバーグ<Sternberg>、1990年）。実はニューロサイエンスにおいても、哲学においても、それとは反対のことが主張されています。つまり、知恵は、複雑性を捨て、最も一般的で、複雑性の低い状態における基本的な真実を理解するときに得られるということです（スタンバーグ、1990年、ズル、出版準備中）。しかしながら、高度に複雑な知識や経験のステージを経ることで、複雑性のどの部分を削ぎ落してよいかがわかるのもまた事実です。

成人学習に携わる人に向けてのメモ

学習の生物学的側面について詳しく学び始めると、成人学習に携わる者として、あらためて自分たちの役割や実践内容を見直したいと思うでしょう。それは、説明や誤りを正すことに比重をおくのではなく、学習そのものに対して、より信頼できるようになるということかもしれません。これは、知識を学習者に転移しようと試みる代わりに、学習者自身が、自分たちの表現や理論、行動を高めることにつながります。私たちは、誕生日のプレゼントをあげるかのように、成人学習者に自分の考えを与えることはできないのです。

私たちが与えることができるのは、新しい経験です。学習者の中から新たなアイデアや理論が生み出されるように巧みにデザインされた経験は、とても価値があるものとなります（テイラー、マリーノー<Marienau>、フィドラー<Fiddler>、2000年）。このようなデザインされた経験が特に効果を発揮するのは、どのように理解したり、解釈するかは自分に任されているということを学習者がわかっていながらも、自身の既存の神経ネットワークでは、課題に取り組むのに不適切であるということに気づいているときであるといえます。成人が最も変化しやすいのは、新たな経験と自身がもつ既存の理論とがぶつかるときです。ですから、私たちが教育に携わる者としてできることは、学習者に対して、衝突が起こるような新たな経験を提供したり、対峙すべき新たな問いを立てたりすることです（ベスト・プラクティスについては、本書、テイラーの章参照）。

教育者の説明や考えが新たな経験として提示されたとき、学習者は、それをそのまま受け止める必要はありません。むしろ、それらは学習者が表現し、抽象化し、検証すべき、付加的な知覚情報なのです。

皆さんにとって、ここで紹介した考えは、必ずしも新しいものではないでしょう。また、多くの成人学習のコンセプトと一致していることに気づくかもしれません（ノウルズ <Knowles>、ホルテン <Holten>、スワンソン <Swanson>、2005 年参照)。しかし、そうだとしても、今後ニューロサイエンスがどのように発展していくのかを見定めることや、既存の成人学習の理論やコンセプトといかに整合するかを検証することは、とても重要なことなのです。究極的には、学習に関する私たちの理解は、学習を司る器官の生物学的な特性と一致する必要があるのです。実際のところ、既存の理論がいかに広く受け入れられていようとも、それらはすべて、私たちの脳に関する知識が進化し続ける限り、自然と再検討され、見直される必要があるのです。

もしこの短い章が、そうした見直しを皆さんに促すことができているとすれば、この章の目的を達成しているといえるでしょう。

参考文献

Draganski, B., Glaser, C., Busch, V., Schuierer, G., Bogdahn, U., and May, A. "Neuroplasticity:Changes in Grey Matter Induced by Training." *Nature,* 2004, 427(22), pp.311—312.

Goldberg, E. *The Executive Brain: Frontal Lobes and the Civilized Mind.* New York: Oxford University Press, 2001.

Kilgard, M., and Merzenich, M. "Cortical Map Reorganization Enabled by Nucleus Basilis Activity." *Science,* 1998, 279, 1714—1718.

Knowles, M. S., Holten III, E. F., and Swanson, R. A. *The Adult Learner: The Definitive Classic in Adult Education and Human Resource Development.* Burlington, Mass.: Elsevier,2005.

Kolb, D. A. *Experiential Learning: Experience as the Source of Learning and Development.* Upper Saddle River, N.J.: Prentice-Hall, 1984.

Sternberg, R. J. *Wisdom: Its Nature, Origins, and Development.* New York: Cambridge University Press, 1990.

Taylor, K., Marienau, C., and Fiddler, M. *Developing Adult Learners: Strategies for Teachers and Trainers.* San Francisco: Jossey-Bass, 2000.

Whitehead, A. N. *The Aims of Education and Other Essays.* New York: Macmillan, 1929.

Zull, J. E. Schools for the Natural Mind: What Ordinary Students, Teachers, Administrators, and Parents Should Demand of Their Schools. In preparation.

第2章

この章では、学習のプロセスの中で、いかに脳が変化するかを紹介します。
また特に、成人学習の教育者、およびメンターの
ファシリーテーターとしての役割にも、焦点を当てています。

成人学習をニューロサイエンスから理解する

ルイス・コゾリーノ（Louis Cozolino）
スーザン・スプロケイ（Susan Sprokay）

脳の発達と学習に関する近年の研究を知れば知るほど、優れた成人学習の教育者たちは無意識に、ニューロサイエンティストのように振る舞っていることに驚かされます。彼らは対人スキルを活用して、脳の発達を促進するような豊かな環境を創り出しているのです。脳は生来、他の人との関わりから生まれた経験を通して学習するようにデザインされた社会的な器官（臓器）です。私たちは皆、生涯を通じて、自分に関心を示してくれる人、安心感を与えてくれる人、自分を取り巻く世界についての理解を促してくれる人を必要とします。また脳は、こうした関係性や相互作用から発見を得たり、学習したことを裏づけ、関わる人とともに具現化するストーリー（物語）を創るといったことを通して、最も発達するといえます。教える側の多くは「何を教えるか」ということに意識を向けがちです。しかし脳の構造と進化を鑑みると、学ぶ側にとって、「彼ら（教える側）が何者であるか」のほうが、学習において圧倒的に重要なのです。

教師やセラピストである私たちは、子ども時代のあらゆる関係性によって、脳が最初にどのように形成されるのか、またその後どのように再形成されていくのかといったことに、特別に関心を抱きます。実際、人が人生のそれぞれのステージを通り過ぎるとき、脳もまた、世界を理解し、組織化し、学習する様々な方法を学ぶのです。つまり、成人の学習者と、教える人やメンターが一緒に

なって双方の脳を変化させるプロセスを共に歩むことで、学習のトピック（「何を」学ぶか）や、学ぶ側と教える側の関係の性質（どのような関係にあるのか）は変容していくのです。

可塑性と学習

脳は、変化し続ける世界に対して、適応・再適応しながら進化することによって形成されてきました。このように、脳内の化学成分や構造が変異することを「神経可塑性」と呼びますが、人間の学ぶ能力は、このプロセスに左右されます。神経可塑性は、環境からの要求に従って、ニューロンが自身の構造や相互関係性を、経験に基づいた方法で変化させることによって起こります（ブオノマーノ<Buonomano>とメルゼニッチ、1998年、トロイアン<Trojan>とポコルニー<Pokorny>、1999年）。ラットの実験では、複雑でチャレンジングな環境で育てられたラットの脳内では大脳皮質が拡大し、ニューロンの長さが伸び、シナプスの数が増え、神経伝達物質のレベルが上がり、ホルモンが成長することが明らかになりました（ダイアモンド<Diamond>、クレッチ<Krech>、ローゼンツヴァイク<Rosenzweig>、1964年、グゾウスキ<Guzowski>、セットロー<Setlow>、ワーグナー<Wagner>、マクゴー<McGaugh>、2001年、イッキーズ<Ickes>他、2000年、ケンペルマン<Kempermann>、クーン<Kuhn>、ゲージ<Gage>、1998年、コルブとウィショー<Whishaw>、1998年）。しかし、こうした刺激のある環境の恩恵を、若年のうちに享受することはほとんどありません。成体ラットがトレーニングを受けたり、豊かな環境に接したりすると、若年のうちに受けた神経系のダメージや遺伝子上の学習障害が改善されるのです（アルトマン<Altman>、ウォレス<Wallace>、アンダーソン<Anderson>、ダス<Das>、1968年、コルブとギブ<Gibb>、1991年、シュロット<Schrott>他、1992年、シュロット、1997年、シュワルツ<Schwartz>、1964年、ウィル<Will>他、1977年）。人に対してこのような身体に影響を及ぼす研究を行うことは不可能ですが、私たち人間の脳も同じように反応することを、多くのエビデンスが示唆しています。

鳥を対象とした研究では、鳥がさえずりを学ぶ能力は、録音されたさえずりを聞かせるよりも、実際にさえずりをしている鳥に接したときにより増幅することが証明されました（バプティスタ<Baptista>、ピトリノビッチ<Petrinovich>、1986年）。中には、録音からでは学ぶことができずに、社会との関わりからのポジティブな影響や、愛情を込めた世話を必要とした鳥もいました（イールズ <Eales>、1985 年）。これらの研究は、適切な社会との関わりが、ある種の学習に必要な神経可塑性を促進するかもしれないことを示しています。ハイリスク児[*3]であった子どもや若者で、後に素晴らしい人生を得た人たちについての研究においても、彼らの周囲には、彼らに関心をもち、面倒を見てくれた人が１人か２人はいたということは注目すべきです。これは軽く受け止められるべきものではありません。こうした事実から、人は、鳥がさえずりを学ぶように、フェイス・トゥー・フェイスや心と心で接するときに、脳の変形を伴う学習を効果的に実現するということがわかります。

本章の著者の１人（コゾリーノ、2002 年）は、過去の著書の中で、神経可塑性を高める､効果的な心理療法の特徴について説明しています。心理療法は、特殊な学習方法ではありますが、下記に示されるその学習原理は、クラスルームでの学習や生涯を通じての学習に適用できるでしょう。

- 同調した他者との安全で信頼できる関係性の構築
- 適切なレベルの覚醒の維持
- 思考と感情の両方の活性化
- 自己を振り返るための言語
- ポジティブで楽観的である自己を示す物語の共創

ここで挙げられた要素は、様々な心理療法のアプローチにおいて、治療を成功させるために必要なものであるといえます。また、それぞれの要素は、ニューロサイエンスの研究にも裏づけられています。たとえば、他者と支援的で思いやりのある関係を築くことは、神経回路を活性化させ、神経可塑性のプロセスを起こすことにつながります。適切なレベルの覚醒、つまり、学習者が話をよく聴き、学習に対してやる気がある状態は、神経構造を変化させるのに必要なタンパク質の統合を促進する、生物学的プロセスを最大化します。また、感情と認知の両方の回路を活性化すると、脳の実行システムが、学習を通じて脳の活動を調整します（恐れや不安によって結合が絶たれることもありますが）。自己を振り返る能力は、記憶、感情の制御、そして組織化それぞれの多重処理ネットワークを統合するのに重要な役割を果たします。さらに、人々が対話を通して創造する物語は、記憶の機能をサポートし、将来の行動への指針として

3. 発育･発達過程において、何らかの問題が生じる可能性があり、状況に応じて支援が必要になる児

も機能します。最も優れた教育者やメンターは、言葉や共感、感情、行動実験を組み合わせることで、本能的に神経可塑性とネットワークの統合を促進しているのです。

社会的な脳

西洋の科学、哲学、教育には、「考える人は、コミュニティの中に存在するというよりも、単独で存在している」という基本的な考え方があります。こうした考え方は、生きた経験や人と人との相互作用の探求ではなく、専門的かつ概念的な科学的難題の探求に偏りがちです。たとえば、神経生物学やニューロサイエンスの分野において、脳は、これまでスキャナーや解剖台の上で研究されてきました。また、脳が社会的な相互作用の中で最も活性化するという事実は、最近まで無視されてきました。しかし、個人や切り離された自己についての考え方がいかに大切にされようとも、人間は社会的な生物として進化してきており、体内の生物学的な状態に相互に影響を及ぼし続けているのです。

ニューロサイエンスにおいて、脳が社会的な器官（臓器）であるという考え方は、1970 年代に登場しました。それ以降、研究者たちは、社会的な行動に関わる神経回路の調査、解析を行ってきました。社会的ニューロサイエンス、人間関係の神経生物学、感情のニューロサイエンスといった分野はすべて、脳がどのように相互に連結するのかを研究するものです。脳内には、社会的な行動のためだけに使われているモジュールはありません。しかし、感覚、運動、認知、感情などの複数の脳内処理の流れが発達段階において一体化し、社会的、感情的な行動をするのです。人は、しばしば無自覚であったとしても、感情的な表情、身体的接触、視線などを通じて（瞳孔の拡大や紅潮を通してでさえも）、周囲の人と絶え間なく双方向にコミュニケーションを行っていることが、明らかになってきています。こうした周囲の人々との関係性が土台となって、脳は形づくられ、バランスが取られ、健全に成長するのです。こうした成人教育の環境に関する発見は、多くの示唆を与えます。思いやりがあり、よく気づくメンターによる関わりは可塑性を促進し、より意味のある、より良い学習につながるといえるでしょう。

ストレスと学習

20 世紀の初期には、学習は適切な覚醒状態のときに最大化されるということが、心理学者によって発見されました。覚醒のレベルが低すぎると、学習者はモチベーションが上がりません。また、覚醒のレベルが高すぎると、静かに座って学習に参加することができません。最近この理論を生物学的に裏づける事実が発見されました。適切なレベルの覚醒は、神経伝達物質と神経成長ホルモンの生産を増加させ、神経の結合を強化し、皮質を再組織化することによって、神経可塑性を作動させるのです（コワン <Cowan> とカンデル <Kandel>、2001 年、ジャブロンスカ <Jablonska>、ギーダルスキ <Gierdalski>、コシュート <Kossut>、スカンジール・クラムスカ <Skangiel-Kramska>、1999 年、マイヤーズ <Myers>、チャーチル <Churchill>、ムジャ <Muja>、ガラグティ <Garraghty>、2000 年、ファム <Pham>、ソダーストローム <Soderstrom>、ヘンリクソン <Henriksson>、モハメド <Mohammed>、1997 年、ズー <Zhu> とウェイト <Waite>、1998 年）。

学習環境におけるストレスや、過去の学習におけるネガティブな記憶、また学習者の生活上の問題も、学習能力をそぎ落としてしまいます。また、そうした刺激は、無意識のうちに「恐れ」を誘発し、学習にネガティブな影響を与えます（モリス <Morris>、オーマン <Öhman>、ドラン <Dolan>、1998 年、1999 年）。一方で、効果的な学習は「安全な緊急性」、つまり、衰弱させるような不安を伴わずに高度に集中している状態の中に見受けられます。教育者による支援的なケアや励まし、熱意が、適度なレベルの挑戦とうまくバランスが取れると、ドーパミンやセロトニン、ノルエピネフリンや内因性のエンドルフィンが生成され、学習が強化されます（キルガードとメルゼニッチ、1998 年、カークウッド <Kirkwood> 他、1999 年、バラッド <Barad>、2000 年、カング <Kang> とシューマン <Schuman>、1995 年、ファング <Huang> ら、1999 年、タング <Tang> 他、1999 年）。このように、教育者による人間関係の調和は、脳の中に新しい情報をより効果的に取り込むことができる生物学的な状態を創り出します。

「恐れ」は学習しやすく、忘れるのが難しいものです。脳は悪いことを記憶にとどめ、良いことを忘れるように偏っています（デイビス <Davis>、2002 年、ヴィアス <Vyas> とチャッタルジ <Chattarji>、2004 年）。多くの成人学習者にとって教室は、一度は学校を辞めたいと思わせた失敗や恥の記憶を呼び覚まします。また、評価されるポジションにいるだけでストレスを引き起こす人もいます。教室の内外に存在しているストレス要因は、脳の神経可塑性の働きを妨げるのです。こうしたことから、トラウマとなった過去の学習経験に何らかの形で取り組むことは、成人学習の最も効果的なアプローチだといえます。教育者はセラピストではありませんが（またそうなろうとすべきでもありませんが）、優れたメンタリングの特徴の多くは、効果的なカウンセリングとして記述されていることに類似しています。学習者は、そうしたメンタリングのプロセスを通して、現在の教育環境は恐れを抱くようなものではないということが少しずつわかると、脳を変化させることができるのです。

しかしながら、学ぶ側が、学習における自身の感情の状態を検証するときには、無能な学習者としての自己認識が現れやすく、恥ずかしい思いをしたことが呼び起されます。中には、傷つきやすくなり、自分たちを突き放した教師への怒りを感じる人もいるかもしれません。また、たとえネガティブな思い込みをうまく打ち破り、自分が実は有能であることに気がついたとしても、無駄にしてしまったと感じる長い年月への怒りや悲しみを感じるかもしれません。過去に自分を失望させ、辱めた人への怒りを経験する人もいるでしょう。非常に優れた教育者もしくはメンターは、こうした問題をカリキュラムに直接取り上げることがなくても、学習の中にある個人的で内面的な問題に本能的に対応しています。その際、学習者が過去の学習経験から現在まで引きずってきた怒りを特定できると効果的です。優れた教育者は、学習者を励ましたり、怒りを個人的なものとして受け止めさせないようにしたりします。また、難しい問題にアプローチしようとしてもがいているときに、創造的なやり方を示したりすることを通して、学習者の脳を再構築させるような、感情面をケアする学習体験を創り出すのです。

神経生物学の観点からは、成人の脳の発達に対するメンターおよび教育者の役割は、子どもの脳の発達でいえば、最初に子育てをする人の役割にあたるといえます。両者とも、安全な場所や感情の調和、そして学習プロセスをサポートする足場を提供します。成人学習の教育者の役割におけるこうした特徴は、脳が社会的な器官（臓器）であり、学習は、信頼関係が構築された中で、最も効果的に行われるという事実と直接関連しています。また、信頼関係が築かれていることは、発展性のある「支持的な環境」（キーガン <Kegan>、2000 年）にいることであり、こうした環境によって成人の学習経験が最適化されるのです。

思考と感情

感情と認知の両方の回路が活性化されると、脳の実行システムは再連合し、うまく機能し始めます。眼球のちょうど後ろに位置する眼窩前頭皮質は、脳の実行システムの主要な構成要素ですが、この眼窩前頭皮質と、感情を生み出す辺縁系との連結が損傷すると、判断や洞察、行動に影響があることが証明されています（メスラム <Mesulam>、1998 年）。そのため、心理療法においても、メンタリングにおいても、この眼窩前頭と辺縁系間の連結を強化することは非常に重要です。事実情報を伝え、クリティカル・シンキングを奨励するような教育者は、メンターとしても行動し、学習者が知的なチャレンジを行うとともに、感情的、生理的な経験を認識し、両者を統合できるように支援することで効果的な学習につなげることができます。こうしたアプローチはストレスを軽減させるため、学習者は落ち着いて、適切な経験を探すことができます。結果として、眼窩前頭野と辺縁領野の神経的な連結は、拡大することになるのです。辺縁系は脳の深層部に位置づけられているため、これらの２つの領野を統合することは、「トップダウンの統合」と呼ばれます。

思いやりが初期の脳の発達にポジティブな効果をもたらすことは広く知られていますが、これは、成人の学習プロセスにおいても同じです。親は、今何が起きているのかを説明したり、子どもがすでに経験したことを振り返ったりすることで、外的な出来事やその出来事における子どもの役割に意味を与えます。このときに起きる対話は、子どもが自分自身の感情と行動の反応の意味を理解することに役立ちます（スカー <Schore>、2001 年）。このようにして親は、子どもの脳が、右脳における肉体的・感情的機能と、左脳における社会的・言語指向的な機能を統合する支援を行っているのです。思いやりとは反対に、人が恐れや不安を感じるとき、左脳にある言語機能の中枢が停止しがちになり、学問を学ぶ上で成功に欠かせない、学習の意味的、物語的な側面を損ないます。学習に対するストレスを減少させる方法を取り入れれば、右脳と左脳の機能がバランスを取り、意味的、そして物語的なプロセスを活性化させることができるでしょう。教える側が、右脳と左脳を統合させる役割は、幼児期のしつけの対話に似ています。脳の発達において、人とのコミュニケーションがどんな役割を果たすかについては、物語に関する次のセクションでより詳細に述べることにします。

学習者の物語

現代の人間の脳は、何百万年にも渡って、古い構造が保存され、変更されるとともに、新たな構造が現れ、広がり、ネットワーク化されるという進化的な適応をしてきた結果により形づくられています。また、運動や感情、思考、理由づけのための特別なネットワークの増殖は、脳が統合され、１つのものとして機能し続けるという、新たなチャレンジを生み出しました。そして、このような相互作用的なネットワークや､脳の進化の過程で生まれた設計上の妥協は、偉大な成果を生み出す可能性と、潜在的な混沌を創り出しました。脳の進化は、高まる社会的な複雑性と、言語や表象的思考の出現と絡み合っており、物語を協働で創造することは、神経の統一と結合を外部から組織化する要因として役立つように進化してきたといえます。

巧みな話術で語られる物語には、衝突と解決、身振りと表現、そして感情を伴う思考が含まれます。これらはすべて脳から脳へ、社会的なシナプスを通じて伝達されます。物語に含まれるこうした様々な要素の統合は、左脳と右脳、トップとボトム、そして脳のすべての部位における感覚、身体、運動、感情、認知プロセスとの間に、神経回路が統合してできた結合体をもたらします（シーゲル <Siegel>、1999 年）。また、より広い視野で見ると、物語は、特定のスキルや共通の価値観を教えたり、共通の目標に基づいたプランや共通認識を生み出すことによって、集団の中の個々人の役割を統合するのにも役立つのです。

物語は、成人教育においても、「メンターのツール」および「自己肯定感の表現」という、少なくとも２つの重要な役割を担います。また、複数の記憶のネットワークが必要となるため、それらの連合によって記憶力を高める方法としても役立ちます。たとえば、単語リストそのものを学習することは、覚えるべき要素が連なって構成されている物語を覚える場合と比較して、はるかに難しいでしょう。さらに、リストを基にした学習を行う際に最も使われる脳の領野は、加齢や投薬、またあらゆる種類の頭部外傷による影響を最も受けやすいといわれています。しかし、物語の幅広い神経基盤は、記憶が回復しやすくなる土台となるのです。

自尊心を得るために物語が果たす役割に関して言及すると、学習者が自己を物語ることは、それ自体が詳細な行動計画となり、やがて自己達成できる予言へと変わります。トラウマとなる学習の経歴をもつ成人は多くの場合、親や教師、進路指導教員、そして他の生徒によって受けた軽率な評価を、自身の学習の物語に組み込んでしまっています。多くの成人学習者は、「お姉さんに頭の良さを全部もっていかれてしまって、あなたには容姿だけが残されたわね」とか「学術クラスは、大学進学希望の学生で定員になっているので、あなたは商業クラスに申し込むべきね」などと言われたことを覚えています。もし、こうした記憶が、ストレスのある学習環境の中で呼び覚まされると、無意識であれ、意識的であれ、学習者のストレスは増大し、成功しづらくなってしまうのです。そのため、そうした環境下においては、ポジティブで、痛みを和らげてくれるような、別の物語に目を向けさせることがとても重要です。

たとえば、１つの戦略として、成人学習者にジャーナルを書かせたり、グループでディスカッションさせたりすることで、学習に関する内面的な物語から、新しく、能力に富んだ成長の物語に向かって進むようにさせることが効果的です（本書、テイラーによる第９章参照）。最初は幾分かの不安やストレスがあるかもしれませんが、自身の経験を他者と共有し、つながることは、「私がこれまで直面し、成し遂げてきた幾多のチャレンジと比べたら、難しいものは何もありません。リラックスして、集中し、やり続けよう」といったことに結果的につながっていくでしょう。自分が一人ではないと知ることは、不安に対する最大の防御手段となります。さらに、他者が学習に対してどんな方法を取っているのか、どんな対価を支払ってきたのかについてなど、学習者が互いに自分の学習方法や欠けているところを補う方法に耳を傾けることは、格段に有効な学習へのアプローチを見つけることにつながるかもしれません。学習に対するネガティブな物語は、ストレスの増加や可塑性の減少を招き、自分で実現する悪い予言となってしまいます。その一方で、知的なチャレンジによって、成功しようという意志に基づいた内面の物語と出会うと、不安は減少され、学習に必要な神経可塑性のプロセスが刺激されます。あらゆる年代の多くの学習者にとって、信頼や対話、そして癒しが、本物の学習において必要なのです。

知恵

知恵とは、思考と感情の統合であり、経験、見通せる力、理解、思いやりの融合でもあります。成人の学習者はこうした統合や融合に優れており、大抵の場合、自分の経験にひもづけて既存の知識を広げる概念や原理を学ぶことにも秀でています。こうした違いは、人生の後半においても可塑性を保ち続ける脳の領域から生まれるものかもしれません。成人学習者の中には、教えることを頼まれたときに、より良く学習する人もいます。それは、ライフサイクルの中で、自分が立っているポジションと整合しているからかもしれません。こうした、仲間との相互学習の戦略によって、社会的な文脈の中における情報の学習が実現するのです。

専門家の見解では、成人の脳はストーリーテリングを重視する傾向があるとされています。これは単に、ストーリーテリングは、多くの脳のプロセスを統合するためという理由もありますが、情報や文化的な知恵を次世代に伝えようとする本能的な働きによるところもあるのかもしれません。成人は、自身の知識と知恵の窓を通して最も効果的に学ぶであろうということを忘れてはいけません。成人学習者にとって、学習の内容と自身の物語は、分離されるものではないのです。典型的な物語の展開は、恐れから勇気、混乱から明瞭、そして危機から勝利への旅となるでしょう。この旅は、成人学習者が再び教室に入って学び始めることに匹敵します。こうした学習の達人として自身を認識することは、学習を再開する前に必要になることかもしれません。成人が新たな学習を開始するには、達人として自分の経験を活用する必要があるのです。学習者がもつ能力や立場、これまでの成果を認識し、理解することは、新たな学習に向けた足場づくりにつながります（本書、ジョンソン <Johnson> による第８章参照)。この戦略は、脳の進化と発達の双方に合ったものといえます。

最近のニューロサイエンスの研究では、人間の脳は、神経可塑性を促進するために、社会的な関わりを必要するというエビデンスが公表されています。成人の学習を触発する教育者およびメンターは、無意識のうちにニューロサイエンスを取り入れた教育を実現しています。彼らの知恵や熱意、価値は、成人の脳の発達をサポートするために何が必要なのかを、ある程度本能的につかんでいたことに起因して生まれたところもあります。しかしながら、脳のプロセスを理解することは、彼らが本能的にすでに知っていることの理解をさらに深めるでしょう。

参考文献

Altman, J., Wallace, R. B., Anderson, W. J., and Das, G. D. "Behaviorally Induced Changes in Length of Cerebrum in Rats." *Developmental Psychobiology,* 1968, 1, 112—117.

Baptista, L., and Petrinovich, L. "Song Development in the White-Crowned Sparrow:Social Factors and Sex Differences." *Animal Behavior,* 1986, 34, 1359—1371.

Barad, M. "A Biological Analysis of Transference." Paper presented at UCLA Annual Review of Neuropsychiatry, Indian Wells, Calif., Feb. 2, 2000.

Buonomano, D. V., and Merzenich, M. M. "Cortical Plasticity: From Synapses to Maps." *Annual Review of Neuroscience,* 1998, 21, 149—186.

Cowan, W. M., and Kandel, E. R. "A Brief History of Synapses and Synaptic Transmission." In W. M. Cowan, T. C. Sudhof, and C. F. Stevens (eds.), *Synapses.* Baltimore: Johns Hopkins Press, 2001.

Cozolino, L. J. *The Neuroscience of Psychotherapy: Building and Rebuilding the Human Brain.* New York: Norton, 2002.

Davis, M. "Role of NMDA Receptors and MAP Kinase in the Amygdala in Extinction of Fear: Clinical Implications for Exposure Therapy." *European Journal of Neuroscience,* 2002, 16, 395—398.

Diamond, M. C., Krech, D., and Rosenzweig, M. R. "The Effects of An Enriched Environment on the Histology of the Rat Cerebral Cortex." *Journal of Comparative Neurology,* 1964, 123, 111—119.

Eales, L. A. "Song Learning in Zebra Finches: Some Effects of Song Model Availability on What Is Learnt and When." *Animal Behaviour,* 1985, 31, 231—237.

Guzowski, J. F., Setlow, B., Wagner, E. K., and McGaugh, J. L. "Experience-Dependent Gene Expression in the Rat Hippocampus After Spatial Learning: A Comparison of the Immediate-Early Genes Arc, C-fos, and Zif268." *Journal of Neuroscience,* 2001, 21, 5089—5098.

Huang, Z. J., Kirkwood, A., Pizzarusso, T., Porciatti, V., Morales, B., Bear, M. F., and others. "BDNF Regulates the Maturation of Inhibition and the Critical Period of Plasticity in Mouse Visual Cortex." *Cell,* 1999, 98, 739—755.

Ickes, B. R., Pham, T. M., Sanders, L. A., Albeck, D. S., Mohammed, A. H., and Grandholm, A. C. "Long-Term Environmental Enrichment Leads to Regional Increases in Neurotrophin Levels in Rat Brains." *Experimental Neurology,* 2000, 164, 45—52.

Jablonska, B., Gierdalski, M., Kossut, M., and Skangiel-Kramska, J. "Partial Blocking of NMDA Receptors Reduces Plastic Changes Induced by Short-Lasting Classical Conditioning in the SL Barrel Cortex of Adult Mice." *Cerebral Cortex,* 1999, 9(3), 222—231.

Kang, H., and Schuman, E. "Long-Lasting Neurotrophin-Induced Enhancement of Synaptic Transmission in the Adult Hippocampus." *Science,* 1995, 267, 1658—1662.

Kegan, R. "What Form Transforms? A Constructive-Developmental Approach to Transformational Learning." In J. Mezirow and Associates (eds.), *Learning as Transformation.* San Francisco: Jossey-Bass, 2000.

Kempermann, G., Kuhn, H. G., and Gage, F. H. "Experience-Induced Neurogenesis in the Senescent Dentate Gyrus." *Journal of Neuroscience,* 1998, 18, 3206—3212.

Kilgard, M. P., and Merzenich, M. M. "Cortical Map Reorganization Enabled by Nucleus Basalis Activity." *Science,* 1998, 279, 1714—1718.

Kirkwood, A., Rozas, C., Kirkwood, J., Perez, F., and Bear, M. F. "Modulation of Long Term Synaptic Depression in Visual Cortex by Acetylcholine and Norepinephrine." *Journal of Neuroscience,* 1999, 19(5), 1599—1609.

Kolb, B., and Gibb, R. "Environmental Enrichment and Cortical Injury: Behavioral and Anatomical Consequences of Frontal Cortex Lesions." *Cerebral Cortex,* 1991, 1, 189—198.

Kolb, B., and Whishaw, I. Q. "Brain Plasticity and Behavior." *Annual Review of Psychology,* 1998, 49, 43—64.

Mesulam, M. M. "From Sensation to Cognition." *Brain,* 1998, 121(6), 1013—1052.

Morris, J. S., Öhman, A., and Dolan, R. J. "Conscious and Unconscious Emotional Learning in the Human Amygdala." *Nature,* 1998, 393, 467—470.

Morris, J. S., Öhman, A., and Dolan, R. J. "A Subcortical Pathway to the Right Amygdala: Mediating 'Unseen' Fear." *Proceedings of the National Academy of Sciences, USA,* 1999, 96, 1680—1685.

Myers, W. A., Churchill, J. D., Muja, N., and Garraghty, P. E. "Role of NMDA Receptors in Adult Primate Cortical Somatosensory Plasticity." *Journal of Comparative Neurology,* 2000, 418, 373—382.

Pham, T. M., Soderstrom, S., Henriksson, B. G., and Mohammed, A. H. "Effects of Neonatal Stimulation on Later Cognitive Function and Hippocampal Nerve Growth Factor." *Behavioral Brain Research,* 1997, 86, 113—120.

Schore, A. N. "Effects of a Secure Attachment on Right Brain Development, Affect Regulation, and Infant Mental Health." *Infant Mental Health Journal,* 2001, 22(1—2), 7—66.

Schrott, L. M. "Effect of Training and Environment on Brain Morphology and Behavior." *Acta Paediatrica Scandanavia,* 1997, 422(Suppl.), 45—47.

Schrott, L. M., Denenberg, V. H., Sherman, G. F., Waters, N. S., Rosen, G. D., and Galaburda, A. M. "Environmental Enrichment, Neocortical Ectopias, and Behavior in the Autoimmune NZB Mouse." *Developmental Brain Research,* 1992, 67(1), 85—93.

Schwartz, S. "Effects of Neonatal Cortical Lesions and Early Environmental Factors on Adult Rat Behavior." *Journal of Comparative Physiological Psychology,* 1964, 52, 154—156.

Siegel, D. J. *Developing Mind: Toward a Neurobiology of Interpersonal Experience.* New York: Guilford Press, 1999.

Tang, Y. P., Shimizu, E., Dube, G. R., Rampon, C., Kerchner, G. A., Zhuo, M., and others. "Genetic Enhancement of Learning and Memory in Mice." *Nature,* 1999, 401(6748), 63—69.

Trojan, S., and Pokorny, J. "Theoretical Aspects of Neuroplasticity." *Physiological Research,* 1999, 48(2), 87—97.

Vyas, A., and Chattarji, S. "Modulation of Different States of Anxiety-Like Behavior by Chronic Stress." *Behavioral Neuroscience,* 2004, 118(6), 1450—1454.

Will, B. E., Rosenzweig, M. R., Bennett, E. B., Herbert, M., and Morimoto, H. "Relatively Brief Environmental Enrichment Aids Recovery of Learning Capacity and Alters Brain Measures After Postweaning Brain Lesions in Rats." *Journal of Comparative Physiological Psychology,* 1977, 91, 33—50.

Zhu, X. O., and Waite, P.M.E. "Cholinergic Depletion Reduces Plasticity of Barrel Field Cortex." *Cerebral Cortex,* 1998, 8, 63—72.

第3章

幼少時代の不運な学習経験が成人の生涯における学習能力に影響を及ぼすかもしれません。
この章では、成人教育者への示唆が提示されます。

恐れと学習の関係
―成人教育の学習プロセスにおけるトラウマに関連する要因を探る

ブルース・D・ペリー（Bruce. D. Perry）

端的に述べると、トラウマは脳を変化させます。脳における最も持続的な変化には、新たな情報を獲得する能力と、保存された情報を検索する能力が備わっています。現在の教育システムにおいては、この両方の能力が効果的な学習に必要不可欠なものとされています。結果として、トラウマがある子どもたちは、大抵、学校の成績不振というさらなる傷を負います。それによって、心理的に安全を感じたり、先々に起こり得ることを見通したり、トラウマから解放される状況を築いたりすることができなくなってしまうのです。校外ではトラウマを負ったことがない幸運な子どもたちでさえ、教室で恥ずかしい思いをしたり、屈辱を受けたりすることもあります。そのため、あまりにも多くの子どもたちが学校を嫌いになったまま成長し、彼らは自分たちのことを愚かで、能力がないと思い、学業面で、すぐに自分自身を見限るようになるのです。

しかし、結局は、多くの人は教室に戻り、成人学習者になります。成人の約３分の１の人々が、学習能力に影響を及ぼすいじめ、無視、発達上のカオス、暴力を過去に受けてきたことがあるといわれています。本章では、教育者がこうしたトラウマを背負った成人学習者を理解するための基本事項を見直します。また、ストレスを誘発する教育方法によって、教育上のトラウマを積み重ねてきたことで「恐怖の条件づけ」を抱えている人々についても解説します。

脳

学習とトラウマ反応は両方とも、人間の脳の重要な神経系が介在することで、変わっていきます。人間の脳は複雑で、数千の神経回路を構成する数千億の細胞（ニューロンとグリア）からなっており、心拍数の制御から、食欲、運動、思考、創造といった動作に至るまで、数百もの重要な機能に対して指示を与えているのです。

また脳は、私たちが生きていくために内外の世界からの情報を感じ、処理し、保存し、知覚し、行動するようにデザインされています。そのため、脳には数百もの神経系があり、調節、調整、平衡といった継続的で、活動的なプロセスの中で、すべての機能を果たしています。またこのプロセスは、身体の生理的コントロールを司る活動量に影響を与えています。多くの複雑な生理システムの1つひとつは、主要な機能を調整する役割を果たしています。たとえば、血糖値があるレベルよりも低下すると、補正するための生理動作が始まります。また、激しい運動によって組織酸素が低下したり、脱水症状になったり、眠くなったり、あるいは、捕食動物などに脅かされると、特定の必要に応じてさらに他の調整動作が始まります。周囲に起こる課題の多くが持続する中で、これらのシステムの1つひとつには、基本的（あるいは恒常的）な動作のパターンがあります。脱水症状といった内部（体内）の状態、あるいは、予測不可能で、不安定な雇用情勢といった外部の課題がずっと続くと、神経系にストレスがかかります。

ストレスは、専門用語としても、一般的な用語としても使われている言葉です。生物学者の間では、ストレスとは、生理学、あるいは神経生理学上の調整システムがその通常の活動的な動作を越えることを強いる、あらゆる試練や状態であると捉え、概念的に使われることがより一般的なようです。本質的には、ホメオスタシス（恒常性）が妨げられると、ストレスは発生します（ペリーとポラード <Pollard>、1998 年）。トラウマ的なストレスは、ストレスの究極の形です。

成人学習者は誰しも、幼少時代にトラウマ的なストレスを被るようなひどい扱いをされたり、恥ずかしい思いをさせられたり、屈辱を受けたりしたことがあったかもしれません。しかしながら、多くの成人学習者は、過去に重要なトラウマを負ったことがあるだけではなく、学校からの通常の要求にアレルギー反応を起こし、敏感になっています。たとえば、期限を守ること、試験を受けること、クラスで発表することがストレス反応をある程度活性化させるのです。ストレス反応システムの慢性的な活性化状態を緩和することは、学習と記憶を司る脳の鍵となる領野にも影響を与えることは知られています。多くの成人学習者は教室に戻ってくると、二重のストレスを感じてしまうのです。

恐れに対する反応

人間の心身は、恐れに対して重要で予測可能な反応をします。恐れは、痛みのように内部からくるものもあれば、何かに襲撃されるように、外部からくるものもあるかもしれません。こうした危険や恐れに対する共通の反応は、「闘争・逃走反応」と名づけられています。また、この反応の初期段階に、「警告反応」と呼ばれる反応があります。

人は恐れを感じ始めると、複雑な全身反応が初期段階として現れます。このとき、脳はこの反応を指揮命令し、コントロールします。もっと恐れを感じるようになると、脳と体は、恐れという課題に対して、適切な精神的かつ身体的な反応をしようと「覚醒水準の連続体」に沿って変化します（図３－１）。連続体におけるこの変化が、人の認知、感情、行動機能に影響を及ぼします。トラウマとなる出来事が起きたとき、感情、思考、行動といった個人の機能のすべての様相が変化します。恐れを感じると、未来について考えることに時間をあまり割かなくなり、生存するための理論的な計画をつくることもなくなります。その瞬間、感情、思考、行動は、脳のより原始的な部分によって動かされます。脅えた人は言葉に意識を向けません。その状況において、恐れのサインとして現れるものが何かということに対して注意を払うようになります。

人は恐れを感じると、「覚醒水準の連続体」に沿って、図の左から右へと変化します。この連続体において右へと変化すればするほど、学習することや、内容を確認することができなくなります。ある意味、恐れは、学習能力を破壊してしまうのです。恐れに対する適応の仕方は人によって異なりますが、ほとんどの人は、過覚醒と解離の２つの適応のコンビネーションを使います。過去にトラウマを負ったことや学習上の失敗、屈辱を受けた経験をもつ成人学習者は、非常に小さい課題や恐れにでさえ敏感に反応し、覚醒水準の連続体上をより速く動きます。

その人の心理状態は、知覚された恐れの水準に沿って変化します。その水準が上がると、連続体上で「警戒」が「恐怖」へと進みます。これは、交感神経の働きに段階的な増加をもたらすことが特徴です。そして次第に、心拍数、血圧、呼吸、筋肉に貯蔵されていた血糖（グルコース）の放出、筋緊張の増加を次々にもたらします。また、中枢神経の変化は、過度な警戒を招きます。そうなると、人は重要ではない情報のすべてを無視します。こうした働きによって、潜在的な恐れと闘うか、逃げるかの準備を行うのです。闘争・逃走反応の全身の動きはかなり順応的であり、多様な脳のエリアに渡って調和され、統合された脳生理学の反応を多くもたらします。これが、最も一般的で、知られている恐れに対する反応ですが、個人によって反応に大幅な差があることが次第に明らかになってきました（ペリー他、1995年）。

図３－１：覚醒水準の連続体

過覚醒水準の連続体	安静	警戒	抵抗	反抗	攻撃
解離水準の連続体	安静	回避	従順	解離	失神
調節脳	大脳新皮質	大脳皮質	大脳辺縁系	中脳	脳幹
部位	大脳皮質	大脳辺縁系	中脳	脳幹	自律神経
認知スタイル	抽象的	具体的	感情的	反応的	反射的
心理状態	平穏	覚醒	警告	恐怖	極度の恐怖

たとえば、物理的に闘争・逃走反応が不可能になるたびに、解離の反応をもたらす回避性のある心理的な逃走メカニズムが作用します。解離は、基本的に、外的世界から目をそらし、内的世界にこもる精神メカニズムです。解離の状態になると、時間感覚がゆがみ、外的世界と内的世界が分離した視点で、まるで現実ではないかのように事象を「観察」し、誰かの人生の映画を見ているかのような感覚を伴います。極端なケースになると、人は、自分には特別な力や強みがあると思い込んでしまうような精巧な幻想世界に引きこもってしまうかもしれません。警告反応のように、この「挫折」や解離反応にも段階があります。解離の強度は、トラウマとなった出来事の強さと期間によって変化します。しかし、恐れを感じていないときであっても、この解離の状態における精神メカニズムは作動しています。白昼夢は、教室でよく起こる解離の出来事の一例です。

恐れの反応器官が持続的に刺激されると、中枢神経において、絶え間なく続く恐れに応じてストレス反応器官が発達します。これらのストレス反応神経系（および、そのシステムが介在するすべての機能）は、過度に活動的で敏感です。暴力的で、カオス的な環境において成長した子どもが、外部の刺激に過剰に敏感で、慢性的なストレス反応状態にあり、過剰に用心深くなることは、よくある順応性の結果です。脳の順応的変化によって、そうした環境における恐れに子どもはより敏感に気づき、知覚し、行動するようになるのです。しかし、（学校や同僚との関係のように）環境が変化すると、これらの「生き残るための術」は役に立たなくなります。また、脳の発達において子どものときに慢性化した順応的変化は成人になっても続き、生涯に渡る不安、過度な用心深さ、認知のゆがみという結果をもたらします（ペリー、1998年、1999年）。幼少時代に不遇の経験をしたことが、成人生活における多くの学習に関連した機能や結果に悪影響を及ぼし、それゆえに、悲惨な結果を生み出すのです（アンダ <Anda> 他　査読中の論文より）。

恐れは思考、感情、行動をどのような変化させるか

警告状態でトラウマを負った人（たとえば、初期のトラウマについて考えてみます）は、あまり集中することができず、より不安を感じ、声のトーン、体の姿勢、表情といった非言語のシグナルにより注意を払うようになります。実際は、不安によって過剰に用心深くなるため、そのようなシグナルを誤って解釈するのかもしれません。これは、幼少時代に教室でネガティブな学習環境を経験したことがある成人が、何年も経った後の新たな学習環境においてどんな反応をしそうか、理解しておくことの大切さを示しています

こうした人たちと接したときに、教える側が起こしてしまいがちなミスは、彼らの心の状態を誤って判断してしまうことです。ケルカ（Kerka、2002年）によれば、トラウマを抱えた成人は、新たなタスクに取り組んだり、質問に回答したり、別の視点から物事を考えるといったリスクを取ることが難しい可能性があります。彼らは自尊心を保つことが往々にして難しく、圧倒され、適性がないと感じたりすると、怒ったり、無力感を感じたりするでしょう。そうなると、解離し、黙り込み、うつろになることもあります。もっと深刻なケースは、そうした学習者は回避的になって、授業を欠席するようになります。しかし、こうしたことが起きているということをいったん認識することができると、影響を最小限に抑え、防ぐこともできるようになります。

私たちは、成人学習者が恐怖を感じると、警戒し、私たちの指示を受け入れるようになると考えてしまいます。しかし、「本を取り出し、52ページを開いて、今日の授業に関連するキーコンセプトを書き出せ」などというように、いくつかの指示が複合されると、それらはしばしば不正確に処理されてしまいます。学習者は混乱し、それゆえにもっと不安になるのです。この不安がエスカレートすると、学習者はさらに指示に従わないようになります。もし学習者がミスを犯したり、教える側の明確な指示を復唱してもらうために、隣の人に質問すると、教える側はフラストレーションを感じたり、イライラしたりします。このイライラが言葉やトーンに表れてくると（たとえば「わかりました。もう一度言いますと」といったふうに）、学習者の不安はいっそうエスカレートし、敵意があって、不適切で、大人げない、あるいは解離的な反応をするようになるでしょう。これによって、相互不理解が次から次へと広がっていきます。教える側がフラストレーションを感じると、学習者は教える側に対して嫌悪感を抱き、さらに悪いことには、学習一般を嫌いになります。そして、学校や学習を避け、学習に打ち込まない昔のパターンが再現されてしまうかもしれません。

トラウマを負った学習者の基本的な状態

活性化した神経系は、永久に変化し続け、「脳内」表現をつくり続けます。これは記憶の代物です。脳は認知記憶、感情記憶、運動前庭記憶、状態記憶をつくります。恐れやまん延する脅威と結びついた生理的過覚醒の状態は、すべての記憶のタイプ（認知、運動、感情、状態）を結果的につくり出します。そうすることで、予測不可能で危険な世界に順応するのです。このような過度に警戒心が強い人々は、持続的な覚醒状態になり、結果的には、継続的に不安を感じ続けるのです。

トラウマが成人学習者に与える長期的なインパクトを理解する鍵は、トラウマをもつ学習者は、基本的に、多くの場合、低水準とはいえ恐れの状態にあるということを忘れないことです。この恐れの状態は、過覚醒または解離的な適応パターンか、あるいは、その両方に反映します。高いストレスやトラウマを負った成人に取り組む教育者にとって大切なことは、彼らが学習する上で十分安全と感じることができる構造、予測可能性、安全意識を提供することです。

教える側による一般的な臨床観察によると、こうした学習者は、かなり利口に見えるにもかかわらず、学業においては成績不振に陥ります。学校側はこうした人々に対してフラストレーションを感じ、時には屈辱を与えてきました。

しかし、彼らは過去に失敗した経験や、さらなる失敗に対する恐れを感じながら、成人学習の場に参加しているのです。

過去にトラウマを負った成人学習者（それゆえに持続的な覚醒状態にある人）が、教室に座って効果的な学習をすることができない理由を理解する意味でも、この内容はとても重要です。新たな言語認知情報を内在化できるかどうかは、前頭皮質やその関連野の活性度によります。そのため、人の話を静かによく聞く状態が求められますが、トラウマを負った成人学習者は、脳の異なる領野が活性し、脳の異なる部分が機能をコントロールするため、この状態になることが難しいのです。

恐怖状態の情報検索

持続的に低次の恐怖状態にある成人学習者は、心が穏やかな成人とは違った方法で、周りの世界からの情報を読み込みます。私たちは皆、「テスト不安」を経験したことがあるでしょう。しかし、もし、すべての学習経験が同じように持続的な不安の感情を引き起こすとしたら、私たちの人生はどうなってしまうのでしょうか。たとえ、大脳皮質野に情報をうまく保存できたとしても、その人が恐怖を感じている間は、この情報にアクセスすることができません。

より高次な覚醒状態においては、大脳皮質によって指示される、創造的で、「十分発達した」問題解決能力を発揮できません。また、このような状態におかれると、情報へのアクセスが阻まれてしまいます。そのため、人は脅かされると、「未熟」であるかのような行動を取りがちになります。肉体的に病気、睡眠不足、空腹、疲労、不安にあるときに、未熟な行動や態度へと後退する傾向は、私たちすべてに、共通に観察されます。現実や知覚された恐れに対する退行反応が行われている間は、私たちの行動は、脳の単純な領野が仲介することとなります。持続的な恐怖にさらされた環境で育った成人学習者は、内なる平穏状態をめったに得ることができない（あるいは、お酒やドラッグによって人工的に得る）状態が基本となるのです。加えて、トラウマを負った個人は、言語、あるいは非言語による恐怖のきっかけを過剰に読み取り、「過敏な」警告反応をするでしょう。そして、反応度が高まると、大したこととは思えないような刺激がきっかけとなり、結果的に行動面で劇的な変化をもたらしてしまいます。トラウマをもつことが少ない家庭環境で育った人でも、教室や家庭で恥ずかしい思いをしたり、屈辱を受けたりした経験があると、いくらか傾向は弱いものの、同じようなパターンが見受けられます。

安全と学習

私たち人間は、探求者です。私たちは見知らぬ新たなものに魅了されたり、引きつけられたりします。好奇心は私たちを探求へと駆り立て、探求から導かれた発見によって、私たちは喜びを感じます。成人として、私たちは新たなレストランや作家を見つけたり、新たなスキルをマスターするのを楽しみます。学習が最適であるかどうかは、好奇心、探求、発見、実践、熟達のサイクルによって決まります。そして、このサイクルは、学習者を、もう一度探求しようとする喜び、満足、自信へと導くのです。成功するたびに、探求し、発見し、学習することへの意欲が高まります。学習者は、この発見のサイクルを経験すればするほど、学習に対する生涯に渡るワクワク感や向学心がつくり出されるのです。

しかしながら、恐怖や警告反応は好奇心を奪い、探求や学習を抑制します。不安や不快感、恐れを感じるとき、人は学習しなくなるでしょう。学習者が新しいものと出合ったときに、探求に対して気が進まず、不安を抱いてしまうと、彼らは自分たち自身に制約を加えてしまうのです。私たちはどのようにしてこれを防ぐことができるでしょうか？

恐怖反応は、人間の脳に深く刻み込まれてしまいます。私たちは、空腹、のどの乾き、苦痛、恥辱、混乱、あるいは、過剰で、新し過ぎで、かつ速すぎる情報に対して脅威を感じると、心も体も安全を確保するために、防衛反応を行うようになっています。私たちの心は、その瞬間、脅威に反応するために、重要な情報だけに集中しています。新しいものを探求するというよりも、むしろ目新しさにかなり圧倒されたり、無関心だったりします。しかし、学習者が安全を感じると、好奇心が湧き上がります。私たちは安全を感じ、自分の周りのことをよく知っていると、新しいものを望みます。しかし反対に、周囲があまりに新し過ぎると親密性を切望します。そのような状況において、私たちは、いとも簡単に圧倒されたり、悩まされたり、フラストレーションを感じたりします。それゆえに、私たちは、親しみがあって、快適で、安全なものを欲するのです。

優れた教育者は、学習者の内なる状態にきちんと関心を向けることで、学習者が覚醒水準の連続体のどこにいるかを明らかにすることができます。クリエイティブで丁寧な教育者は、学習環境をより親しみを感じやすく、構造化され、予測可能なものとすることによって、安全をつくり出すことができます。また、予測は一貫性のある行動や態度によって次第に生み出されていきます。つまり、固定された状態ではなく、安定した相互作用が必要なのです。最適な学習環境において、教育者と学習者間、そして学習者同士における、目に見えないけれども網目のように広がる力強い関係性が極めて重要なのです（ペリー、2006年）。要するに、成人学習を促進するために必要となる安心感は、一貫した育成の姿勢をもって、学習者の心の状態に対して丁寧に寄り添うことから生まれるのです（ダロス <Daloz>、1999年）。

参考文献

Anda, R. F., Felitti, R. F., Walker, J., Whitfield, C., Bremner, D. J., Perry, B. D., Dube, S. R., and Giles, W. G. "The Enduring Effects of Abuse and Related Experiences in Childhood : A Convergence of Evidence from Neurobiology and Epidemiology." European Archives of Psychiatric and Clinical Neuroscience, in press.

Daloz, L. A. Mentor: *Guiding the Journey of Adult Learners.* San Francisco: Jossey-Bass, 1999.

Kerka, S. "Trauma and Adult Learning." (Report no. 239.) Columbus, Ohio: Center for Education and Training for Empowerment, 2002. (EDO-CE-02—239)

Perry, B. D. "Anxiety Disorders." In C. E. Coffey and R. A. Brumback (eds.), *Textbook of Pediatric Neuropsychiatry.* Washington, D.C: American Psychiatric Press, 1998.

Perry, B. D. "The Memories of States: How the Brain Stores and Retrieves Traumatic Experience." In J. M. Goodwin and R. Attias (eds.), *Splintered Reflections: Images of the Body In Trauma.* New York: Basic Books, 1999.

Perry, B. D. "Applying Principles of Neurodevelopment to Clinical Work with Maltreated and Traumatized Children: The Neurosequential Model of Therapeutics." In N. Boyd Webb (ed.), *Working with Traumatized Youth in Child Welfare.* New York: Guilford Press, 2006.

Perry, B. D., and Pollard, R. "Homeostasis, Stress, Trauma, and Adaptation: A Neurodevelopmental View of Childhood Trauma." *Child and Adolescent Psychiatric Clinics of North America,* 1998, 7, 33—51.

Perry, B. D., Pollard, R. A., Blakley, T. L., Baker, W. L., and Vigilante, D. "Childhood Trauma, the Neurobiology of Adaptation and Use-Dependent Development of the Brain: How States Become Traits." *Infant Mental Health Journal,* 1995, 16(4),

271—291.

第4章

心理療法にみられる教育的なプロセスは、
学習を通した脳の修復モデルを提供します。

心理療法における脳の自己修復とは —教育にとっての意味合いを考える

コリン・A・ロス（Colin A. Ross）

本章は、私の25年間に渡る心理療法士としての臨床経験と同時に、25年間教育者であった経験を基に記しています。私は、心理療法によって可能となる脳の「修復」は、ある種の教育的経験にも同じ効果が期待できると提唱しています。テクノロジーが進化し、これまで思ってもみなかった方法で脳の中を見ることができるようになった今日では、実証された事実によって、こうした提唱が裏づけられています。

本章の目的は、脳の修復における学習の役割について、心理療法から学んできた知識を説明することです。心理療法は脳の自己修復プログラムを起動し、実行すると思われています。つまり、心理療法は、脳の修復を可能にし、さらに、心的なトラウマや、生物学的な機能の欠損によって損傷したニューロンの修復と置き換えを可能にするのです（フォナジー <Fonagy>、2004年）。修復は、機能的で、意図的で、適応可能な、数えきれない樹状の結合を生み出します。私の考えでは、心理療法、教育、脳の自己修復はすべて、複雑で、統一された1つのプロセスが、それぞれ形を変えたものだといえます。

心的トラウマと脳の自己修復

27年前の1979年、私が医学部3年生のとき、初めて多重人格障害（ロス、1984年）の症例を診断しました。それから過去26年間、子ども時代に深刻で慢性的なトラウマを負った成人に対して、薬物治療と心理療法を組み合わせて治療にあたってきました。この期間、私は、精神医学と心理療法との関係性について教わってきたことの多くを覆さなければなりませんでした（ロス、1994年、1995年、1997年、2000年a、2000年b、2004年、ロスとハルパーン <Halpern>、出版準備中、ロスとパム <Pam>、1995年）。これまで、心理療法は手を握ることと同じだと思われてきました。そのため、薬のように脳に影響を及ぼすことはできないとされてきたのです。唯一、精神医学だけは脳を治療し、癒すことができるとされ、信頼関係を築き、感情を大切にし、内省や洞察の探求を生み出す心理療法は、効果のないものだと見なされてきました（アレハート・トライシェル <Arehart-Treichel>、2001年）。

25年前、私が医学生だった時代も、その後精神科の研修医だったときも、脳は自己修復することはできないということは、誰もが認める科学的事実でした。当時、けがへの対応として私たちができることは、皮膚などの損傷から治癒する過程の組織である瘢痕（はんこん）組織をつくることだけであると教わりました。ひとたびニューロンが失われると、永遠にそのままだと考えられていたのです。

パラダイムシフトの出現

デカルトの二元論によれば、身体と魂は分かれて存在しています。魂において起こること（ギリシャ語では、プシュケ）は、身体において起こることに影響を与えることはありません。このデカルトの二元論は生物学的還元主義の基盤となりました。そして、今もなお、生物学的精神医学の基盤の大部分を占めています。生物学的還元主義者によると、心の状態は脳の活動の副産物として現れます。重い精神病のすべての因果関係は、異常な遺伝子から異常な脳の機能となり、異常な精神状態へとつながるという、1つの道筋があるとされていました。この仮説が正しいとすると、もし生物学上の構造が完全に理解されたなら、すべての治療行為は遺伝子レベルや脳生物学のレベルで行われることになります（ガバード <Gabbard>、2000年）。

しかし、この生物学的精神医学を支配する還元主義は、精密な調査によって打ち砕かれました。脳の撮像技術によって脳の様子がわかるようになり、今では、プシュケや心が、脳を変えることができることは知られています。別の言い方をすれば、洞察を導く内省的なプロセスが脳に影響を及ぼし、最終的に脳のパターンを変化させることが明らかになったのです（リッガン <Liggan> とケイ <Kay>、1999年）。

すべての精神科医は、精神疾患の生物心理社会的なモデル[4]を固く信じているといっても過言ではないでしょう。しかし、私の経験では、これは実際とは異なります。社会学、学問としての経済学、助成金、昇進、名声、そして臨床診療などどの面でも、生物学的精神医学は、心理社会的なものに対してわずかな関心しか払っていません。

私のトラウマモデル理論（ロス、2006年、2004年）では、心と脳、身体、精神との関係性について、私たちはパラダイムシフトを経験していると提唱しています。過去25年の医学の進歩は、重度の心理的ストレス（トラウマ）は正常な哺乳動物生理学にある程度予測できる影響を及ぼすと結論づけています。1つの事例を挙げると、ストレスは、血中のコルチゾールレベルを上昇させ、それが次に、海馬と呼ばれる脳の部位におけるニューロンの開閉機構にも影響を及ぼします。ストレスを感じると、ゲートが開き、有毒な代謝物と分子が海馬のニューロンに入り、細胞にダメージを与え、時には死に至らしめるのです。このようにストレスが与える影響の生化学的な研究は、現在、基礎科学の研究所で分析されています。私たちは、脳は修復することが可能であり、ダメージを受けたり、死んだりしたニューロンを置き換えることもできるということを、これまで学んできました。脳が自己修復するこの能力は、海馬において特に明らかになっています。選択的セロトニンの再摂取を抑制する抗うつ剤は、海馬におけるニューロンの修復に対して、特殊な刺激を与えないように働きます。

私のトラウマモデルによれば、重度の精神疾患は、環境からの有毒な（トラウマ的な）インプットに対する生理学的に正常な反応として発症します。また、そうした症状は、環境からの他のインプットによって修復されたりもします。脳生理学は心を創り出します。化学的、神経科学的、解剖学的にみると、脳には、私たちが心の働きとして理解しているものを創り出すことができます。しかし、心の働きもまた、脳の生物学的ハードウェアの修正や修復に影響を与え、現状

4. 生物心理社会学モデル（Biopsychosocial Model：BPS）：病気の因果関係や治療の結果は生物学的要因（遺伝学的、生化学的など）、心理的要因（気分、性格、行動など）、社会的要因（文化、家族、社会、医療など）の複雑な変数の相互作用に起因すると考える見解

に対するより効果的な反応を生み出すことができます。この相互依存が起きると、精神分析的な心理療法によって脳を助けることができます。そして、薬物治療は心を支援することができます。デカルト的に脳と心の領域を分けるというよりも、心の働きを脳の付帯徴候として説明できると考えると、無数のフィードバックループとメカニズムを通して、脳と心の領域は相互作用を起こしているといえます。この作用は、ゲノムと環境が複雑に双方向に影響を及ぼし合うことと似ています。

教育（Education）の語源である"educare"は「引き出す」という意味ですが、これはトラウマの心理療法の重要な要素です。良い心理療法を受けた個人は、内省的なスキルを学び、内なる世界への洞察を高めます。彼らは、「自己」の再構築や革新を行う際、自身の人生の記憶を使い、既存のビリーフ（思い込み）を再構築しようと試みます。変形学習（メジロー他、1990年、1991年、2000年）において、前提を疑うこと、批判的な内省を行うこと、ビリーフ（思い込み）を再構築するといった、心理療法と同じテクニックについて考察していることは非常に興味深いことです。ダロス（1986年、1999年）によれば、これらのテクニックは、思いやりのある環境で実行される必要があるようです。

今日、私たちは、脳の画像を通じて、これらの心理療法のテクニックが脳を変化させ、修復することを知るようになりました。ガバード（2000年）によると、実際に心理療法は、ニューロサイエンスとともに、特定の脳機能を対象とした、より特定された心理療法のやり方を発展させています（p.118）。また、いくつかの心理療法のテクニックは、脳を変化させ、修復するということが実証され、具体的な教育のアプローチとして導入されました。そして今日、心理療法の特定の性質に準じた教育は、脳の生態を修復し、修正できることが、明らかになりました（本書、ペリーによる第３章参照）。

教育にとって脳の自己修復が意味すること

子どもの脳が、子どもの成長とともに非常に複雑な機能を実行するようになるということを、私たちは経験を通じて、また科学的にも理解しています。10歳児の脳は、量の保存の概念を理解することができます。しかし、同じ「脳」であっても、7歳児以前の脳はそうすることはできません。つまり、脳は実は常に同じ状態にはないということになります。脳は成長し、発達し、より効果的に自己組織化していくのです。ニューロン、樹状突起、シナプスのレベルにおいて、10歳児の脳は７歳児以前の脳と構造が違うのです。

３歳児の脳の階層構造と７歳児以降のそれを比べてみるとよいかもしれません。10歳児の脳の構造の多くに存在しているものが、３歳児には存在していません。こうした違いは、脳の階層構造のマクロレベルでは簡単に見えます。しかし、ミクロレベルでも同時に、現実的で、具体的で、生物学的に意味ある成長が人間の脳に見られます。

また、子どもの脳は、驚くべき可塑性があります。たとえば、ガンのため外科手術で脳の大部分を取り除いた子どもは、その後、適応し、脳の配線をつくり直し、再編成し、認知機能が正常である思春期の若者として育つのです。かなり最近まで、あらゆる点から考えて脳の可塑性は成人期初期までにゼロになると信じられていました。しかし、これは真実ではないということが、最近発見され始めています。

脳の可塑性と自己修復という２つの要素は、家族、同僚、文化などによって提供される広い意味での教育が、脳の成長と組織化にとって必要不可欠であることを示唆します。生物学はもはや、DNAによって一定方向に動かされる、必然的な遺伝子発現を扱う学問ではありません。むしろ、脳の成長や発達のための遺伝子は、複雑で豊かな一連のフィードバックループにある環境によって、作動したり、停止したりします。脳の発達における因果関係は、DNAと環境という、２つのパートナーのダンスが必要となります。それゆえ、学習は、健全で豊かな脳の発達を促進することができるか、あるいは発達を抑制するかのどちらか一方です。これは、教育システムにおける特定のタイプの学習にも同じことがいえます。

子どもの頃の身体的、性的虐待、ネグレクト、家庭内暴力などのようなインプットは、脳にとってかなり有毒です。しかしながら、可塑性は子どもの脳の一般的な特性であり、適切な配慮によって子どもの脳は修復することができます。成人の脳における可塑性の新たな理解を前提に考えると、認知機能の妨げになるようなストレスの問題を抱えて私たちのところにやってくるかなりの数の成人に対して、私たちはどのようにして彼らの脳の修復への関心を高めることができるでしょうか？　心理療法の環境において実証された変化に基づいて、脳の高次機能に同じように連動することを目指した教育システムは、この課題を解決するかもしれません。脳の高次機能を連動させ、発達させる教育戦略には、ナラティブ（物語）、リフレクション（内省）、安全の提供、あるいは安心して自由な自己表現ができる環境などが挙げられます（本書、テイラーによる第９章参照）。

結論

私の25年間に渡る臨床実践に鑑みると、心理療法において使用されるツール（信頼できる環境、ナラティブ、リフレクション、洞察を創り出す）と一致する教育の性質は、ダメージを受けた成人の脳を修復させる介入行為としても有効だといえます。興味深い質問として、「もしトラウマを負った脳が心理療法のプロセスを通じて修復することができるならば、普通の脳はどうなるのでしょうか？」というものが挙げられます。脳の修復において、より素晴らしい可塑性と自己リフレクション、洞察、クリティカルシンキングをコントロールする領域とつながることができるならば、これまで可能だと思われていた以上に一層発達した脳になるのでしょうか？　教育者は、教育プロセスのどの側面が、高次の思考へと導く脳の活性化に最も効果的であるかを探求するために、ニューロサイエンティスト（神経科学者）と協働することができるでしょう。実際に、米国国立科学財団（National Science Foundation）の資金援助によって立ち上がった新たな取り組みは、この方向で動いているようです。ダートマス大学の認知教育ニューロサイエンスセンター（The Center for Cognitive and Neuroscience）では、脳がどのように学習するかを探求するために、認知ニューロサイエンス、心理学、教育などの多様な専門分野に渡る研究者のチームが活動をしています。また、米国国立科学財団は、学習について科学的に研究をする施設を設立するために、より多くの資金を主要大学に助成する計画をしています。

参考文献

Arehart-Treichel, J. "Evidence Is In: Psychotherapy Changes the Brain." *Psychiatric News,* 2001, 36(13), 33—36.

Daloz, L. *Effective Teaching and Mentoring.* San Francisco: Jossey-Bass, 1986.

Daloz, L. Mentor: *Guiding the Journey of Adult Learners.* San Francisco: Jossey-Bass, 1999.

Fonagy, P. "Psychotherapy Meets Neuroscience: A More Focused Future for Psychotherapy Research." *Psychiatric Bulletin,* 2004, 28, 357—359.

Gabbard, G. O. "A Neurobiologically Informed Perspective on Psychotherapy." *British Journal of Psychiatry,* 2000, 177, 117—122.

Liggan, D. Y., and Kay, J. "Some Neurobiological Aspects of Psychotherapy: A Review." *Journal of Psychotherapy Practice and Research,* 1999, 8, 103—114.

Mezirow, J., and Associates. *Fostering Critical Reflection in Adulthood.* San Francisco: Jossey-Bass, 1990.

Mezirow, J., and Associates. *Transformative Dimensions of Adult Learning.* San Francisco: Jossey-Bass, 1991.

Mezirow, J., and Associates. *Learning as Transformation.* San Francisco: Jossey-Bass, 2000.

National Science Foundation. "National Science Foundation Funds Science of Learning Center at Dartmouth. " Press release PR-05—01.http://www.nsf.gov/news/news_summ.jsp?cntn_id=100812. Retrieved Dec. 1, 2005.

Ross, C. A. "Diagnosis of Multiple Personality Disorder During Hypnosis: A Case Report." *International Journal of Clinical and Experimental Hypnosis,* 1984, 32,

222—235.

Ross, C. A. *The Osiris Complex: Case Studies in Multiple Personality Disorder.* Toronto: University of Toronto Press, 1994.

Ross, C. A. *Satanic Ritual Abuse: Principles of Treatment.* Toronto: University of Toronto Press, 1995.

Ross, C. A. *Dissociative Identity Disorder: Diagnosis, Clinical Features, and Treatment of Multiple Personality* (2nd ed.). New York: Wiley, 1997.

Ross, C. A. *Bluebird: Deliberate Creation of Multiple Personality by Psychiatrists.* Richardson, Tex.: Manitou Communications, 2000a.

Ross, C. A. *The Trauma Model: A Solution to the Problem of Comorbidity in Psychiatry.* Richardson, Tex.: Manitou Communications, 2000b.

Ross, C. A. *Schizophrenia: Innovations in Diagnosis and Treatment.* New York: Haworth Press, 2004.

Ross, C. A., and Halpern, N. *Talking to the Voices: Treatment Techniques for Trauma and Dissociation.* New York: Haworth Press, in preparation.

Ross, C. A., and Pam, A. *Pseudoscience in Biological Psychiatry: Blaming the Body.* New York: Wiley, 1995.

第5章

脳は、パターン発見の器官であり、既存の神経ネットワークを洗練、もしくは、新たに生み出すことで、意味をつくろうとします。
これが学習です。
また、感情は学習や記憶することに影響を及ぼします。

学習における意味や感情が果たす役割を理解する

パット・ウォルフェ（Pat Wolfe）

数十年前、学習を測定する伝統的な尺度は行動でした。個人が何かを学習したかどうかは、彼らのパフォーマンスを観察することで、判断されてきました。学習は刺激と反応という観点で説明され、情報の収集と編集に重点が置かれていました。具体的には、行動目的が設定され、その目的を達成するように、インストラクションが与えられてきたのです。また、学習者が学習内容を習得するために集中すれば、情報を蓄積し、適用することができると思われていました。しかし、最終試験の点数が良く、クラスで良い成績を挙げても、数週間のうちに、学習したほとんどのことを忘れてしまうということも明らかでした。現在、高等教育において広く受け入れられている学習における競争理論では、学習は認知の構築や再構築によって起こると提示されました。さらに、学習者は、将来どのようにすれば、効果的に学習ができるかを学ぶことができます。しかしながら、数々の書籍があるにもかかわらず、学習への認知アプローチの正確なメカニズムは、今日、まだ神秘に包まれたままです。

学習の神経基盤

最近の脳の撮像技術の進歩によって、人が学習をしているときに、脳内ではどのような変化が起きているのかを実際に見ることが可能になりました。そして、今では、ニューロンと呼ばれる個別の細胞が、脳の基本的な機能の単位であり、学習をコントロールしていることがわかっています。何十億ものニューロンが情報をエンコードし、保存し、検索するのです。また、ニューロンは、その他あらゆる人間のすべての行動もコントロールします（スクアイア <Squire> とカンデル <Kandel>、2000 年、本書、ズルによる第 1 章参照）。

人の名前を覚えるとき、特定のスキルを学び、発揮するとき、ニューロンとニューロンとの間にシナプスと呼ばれる、情報を含んだコネクションができます。このコネクションは、情報を復唱したり、スキルを繰り返し練習することで強化されます。科学者はよく、「共に立ち起こったニューロンが、共につながりを強める」という言い方を好んでします。しかし、ニューロンは、単体では機能しません。ニューロンは、つながった情報のネットワークを形成します。すべての脳は同じ基本構造からなっていますが、それぞれの脳のネットワークは、人にそれぞれ指紋があるように、1 つひとつが独特のものです。遺伝子は脳の活動においてある役割（それが何かは定かではありませんが）を担っているようですが、それぞれの脳は、個々人の経験によって形づくられるのです。

記憶と保持

脳の学習プロセスを理解することは、いわゆる記憶を異なる視点から見直すことになります。このことは、なぜ学習者は教わったことを記憶することが時々困難になるのかを理解する助けとなります。細胞レベルの記憶は、神経パターンやネットワークによって形成されますが、記憶が学習や理解と同じであるといっているわけではありません。この章で記憶について述べる際は、コンセプト、もしくは他の情報を知り、理解する最初のステップである、永続的な神経のつながりを形成するため必要な、より深く、より基礎的な脳のプロセスに焦点を絞っています。

記憶という言葉は、「乏しい記憶」といわれるように、しばしば名詞として使われます。しかしながら、記憶は物ではなく、情報の保存と検索のプロセスです。コンピュータとは異なり、脳は静的な状態でデータを保存しません。脳は、入ってくる情報に合わせて、絶えずネットワークをアレンジしたり、再アレンジしたりする、活動的な器官なのです。そして、幸運なことに、一時期はそう思われていましたが、脳は経験したことのすべてを保存するわけではありません。

私たちは、視覚、聴覚、嗅覚、味覚、触覚といったあらゆる知覚情報に絶えず翻弄され続けます。もし意識的にすべての情報に注意を払うと、常に情報過多な状態となり、情報を処理することはできないでしょう。この問題に対処するために、脳は、脳内に入ってくる、あらゆる知覚的な刺激に即座にフィルターをかけてエンコードするために、その瞬間において適切なものだけを選別するようにつくられているのです。脳はデータを統合するため、既存のネットワークに適合しない情報は捨てる決定をします。これは、ある意味、脳は忘れるようにつくられているということができるでしょう。脳は、有益ではない、あるいは重要ではない情報は「忘れる」、もしくは保存しないのです。

残念なことに、学校で教わる情報の多くはこのカテゴリー（保存されない忘れられるもの）に入ります。脳は、出来事の日付や、理解できない専門用語の定義、あるいは、その他関連がないとみなしたデータを保存したり、記憶したりしません。脳は、意味がない情報には注意を払わないため、既存の神経回路の構造からすると、脳にふりかかる大多数の知覚情報をエンコードしません（ウォルフェ、2002年）。

注意

注意は、学習プロセスの最初のステップです。脳がデータを無視すると、データはエンコードされませんし、明らかに記憶もされません。知覚情報の中には、大きな騒音や突然の動きなど、原始時代の先祖が生き延びるために必要だったであろうという理由から、生理学的に注意を払うようにプログラムされているものもあります。脳はまた、今までにない刺激、あるいは出来事に高い反応を示します（目新しさで学習者の注意を引く方法は、効果が長く続くものではありませんが）。目新しい出来事であっても、定期的にそれが起これば、当たり前のものになります。これを慣れと呼びます。たとえば、毎回クラスのはじめに、「サプライズ」クイズをすると、それはすぐにサプライズではなくなります。次第に、学習者はサプライズを予期し、そのための準備をするようになるでしょう。

それでは、学習者が関心を向けるようにするには、何を活用することができるでしょうか？　また、重要なデータを豊富で永久的なネットワークに保存し、必要なときに思い出せるようにするためには、何をどのように高めればよいのでしょうか？　脳の神経のつながりは、より優れた理解を促し、必要なときに回想を起こさせます。教育者は、このつながりに大いに影響を与える、2つの要素をコントロールすることができます。それは、情報が意味をもっているかどうか、感情的なフックがあるかどうかという2点です。成人学習の教育者は、この知識を学習者にとって有利となるよう活用すべきでしょう。

意味と脳

脳はパターン検索する器官といわれています。脳は、知覚したもの（たとえば、光線や音波の特定のパターン）が、以前経験したものかどうかを決定するために、常に周りの状況を調べています。また、この決定を下すにあたり、新しい情報が「適合」する場所を見つけるために、既存のネットワークを調べます。この適合がなされると、私たちは「情報が意味をなす」、あるいは「情報に意義がある」といいます。反対に、もし適合しなければ、脳はその情報には意味がないとするでしょう。言い換えれば、新しい学習となる決定的な要素は、脳がそのことを、すでに「知っている」かどうかによるのです。しかしながら、時々、脳がすでに知っていると思うものが、実際には誤認や誤解である場合もあります。このことが、新しい学習を非常に狂わせるのです。

数年前のハーバード大学の卒業式で行われた、スネップス（Schneps）の研究（1989年）は、誤認が学習にいかに強い影響を与えるのかを証明しました。この研究は、何十人もの参加者に、地球に季節がある理由を説明するように求めるものでした。その結果、質問を受けたほとんどの学生が、夏は地球が太陽に近づいたときに、冬は地球が太陽から離れたときにやってくると明言しました。また、この間違った答えは、「地球の軌道は楕円である」という前提に基づいていました。参加者が間違った答えを言うことは、必ずしも驚くべきことではありませんでした。しかし、あまりにも多くの人が同じ間違いをしたので、スネップスは、ほとんどの卒業生が太陽系について初めて勉強したときに使った科学の教科書について調べることにしました。すると、教科書のスペースを省略するために、地球の軌道が引き伸ばされたような楕円形で太陽の周りに描かれたことを発見しました。初等教育で、地球の軌道は円に近い形であり、地球の軸の角度が季節の変化の要因となっていると教わったことに疑いの余地はありません。インタビューを受けた多くの学生は、ハーバード大学の天文学コースの学士課程で優秀な成績を収めたにも関わらず、彼らが学んだ「知識」は、誤解された描写に基づいたものだったのです。

この調査から、ビジュアルイメージがもつ力や人の心の許容量などに関する多くの推論が導かれました。その中で最も明らかになったことは、脳が既存の知識と衝突する情報を「区分けしてしまう」ことでした。また一方で、学習に対する構成主義的な考えからすると、学習者が過去の経験からすでに知っていることをまず発見することが、教えることにおいて良い第一歩であるという推論もありました。

たとえば、統計学における中央値の概念を例に挙げてみましょう。学習者がそれを見聞きしたとき、彼らの脳は、つながりを見つけるために神経回路を探し始めます。多くの学習者が統計学の専門用語に初めて触れ、利用できる既知の情報をまず持ち合わせていません。そのため、講師が介入しない限り、これらの学習者が取る最初の戦略は、教科書に載っている定義を暗記し、それが記憶として定着することを望むことです。しかし、既述したように、脳は意味がないとみなした情報を覚えるようにはできていません。このことは試験結果に影響を及ぼすだけではありません。もっと重要なことは、学習者自身が本当に理解していなければ、その概念を利用することはできないということです。

暗喩、類推、直喩による意味づくり

統計学の講師が、学校に通う成人は過去の経験に基づき、より良く発達した神経回路をもっていることを理解していると仮定しましょう。その講師は、彼らが、実は知識をもっており、その知識によってこの専門用語を理解し、覚えることができることに気がつきます。講師は、「中央値」という言葉について説明するよう誰かに依頼します。コースを取っている人でなくてもよいでしょう。すると、誰かがすぐに高速道路の中央分離帯のことをほのめかします。それから講師は、統計学の中央値は配列の「中央点」のことでもあると説明します。こうした理解のプロセスを経ると、学習者は「中央値」という言葉をそれほど違和感のない専門用語として捉えるのです。講師は、この経験を踏み台にして、さらなる探求を始めることができるのです。

このようなアプローチは、２つのやり方において効果的です。１つ目は、以前の経験を引き合いに出すことによって、新しい知識を既存の神経パターンにつなぐやり方です。２つ目は、今まさに起こっている経験に参加することによって、新しい神経経路をつくる方法です。その後、新しい知識が構築されます（このケースでは、情報を吸収するというよりもむしろ問題解決をするということでしたが)。これらの概念を思い出して用いるときが来ると、短期記憶として保存された情報以上のものが引き出されます。特に経験学習に関して、類推、暗喩、直喩を使うことは、新しい学習を既存の知識につなげる、価値あるアプローチだといえます。

具体的な経験による意味づくり

引き出すべき過去の経験的な知識が学習者にはほとんどない、あるいは、まったくないとき、現在の具体的な経験を活用することは、依然として最も効果的なアプローチです。この前提に基づいて、問題をベースとした学習やケーススタディなど、経験学習に関する他のアプローチが、長い間デザインされてきました（テイラー、マリーノー、フィドラー、2000年)。最新の脳と学習の研究によると、学習者が積極的に経験しているとき、子どもが生を受け、その後、経験しながら神経回路を形成していくのと同じように、新しい神経回路が形成されることが明らかになっています。

プロジェクトや問題解決による意味づくり

学習のための問題解決アプローチは、経験に基づいているという理由はもちろん、脳は木を見る前に森を見るという理由からも効果的であるといえます。私たちは、全体を構成する部分を調べ、理解することができますが、私たちの脳は、最初に部分が帰属している状況を「つかむ」とより良く機能するのです。カリキュラムやアセスメントにおいて、個別の学習目標に注力させてしまうとき(それは、よく起きることではありますが)、成人は記憶するのが困難になり、ましてや、理解することはなおさらできないのです。なぜなら、それらが全体としてどのようにつながっているかがわからないからです。教科書の著者がそうした理由に対してコンテクストを付与したとしても、成人の学習者の確固たる理解には至らないかもしれません（それは、既存のネットワークなのです)。脳は意味を受け取りません。脳は意味をつくり出さなければならないのです。学習者の主体性や意欲を高めるプロジェクト型の学習は、経験にあふれ、多くのスキルを必要とし、多くの規範を統合することから、必然的に全体像からスタートします。いったん、成人学習者がそのレベルに引き込まれると、彼らは起こった特定の問題に対してよりたやすく、かつ、効果的に取り組むことができるのです。

感情と脳

脳が最初に注意を払うかどうか、情報を忘れないで記憶しているかどうかを決定する２つ目の要素は感情です。感情は、主として、扁桃体と呼ばれる、脳の深いところにある２つのアーモンド形の構造の箇所によって統制されています。扁桃体の主な役割は、ストレス反応としても知られている「闘争・逃走反応」といった、危険の可能性があり、感情的に打ちひしがれている状況に素早く確実に反応することです。ストレス反応の間、アドレナリンが放出され、心拍数が増加し、血圧が上がり、感覚がより敏感になり、筋肉は緊張し、手の平に汗をかき、血流中の血液凝固の要素が増加し、すべての運動中枢が起動します。同時に、皮質の記憶システムは、他の連鎖的な思考に先立って、緊急時に手元にあったほうがよい情報を引き出します（ル・ドウ <Le Doux>、1996 年）。

アドレナリンの効果の１つは、経験の記憶を強化することです。ワールド・トレードセンター襲撃の話を聞いたとき、ほとんど誰もが、そのとき自分がどこにいて、何をしていたかを覚えているのはこのためです。しかし、アドレナリンは、いささか感動的でポジティブな出来事のときにも放出されます。そのため、いかに学習者の感情を動かし、動機づけとなるような興味を引きつけるかが重要です。そのようにつくられた教室のアクティビティは、彼らの注意を引きつけ、より鮮明に記憶させるでしょう。また、覚醒を強めれば強めるほど、印象もより強まります。それは、まるで脳が、平凡な普通の事実と感情に満ちた事実という２つの記憶システムをもっているかのようです。

学習に感情のフックを付加する

教育者は、学習と記憶に影響を与える感情の力をポジティブに活用することができます。シミュレーションやロールプレイなど、その他経験的なアクティビティは、かなり人を引きつけることができます。学習者の感情の状態をいっそう強めることで、意味と記憶の両方が高まるでしょう。とは言え、成人は、少なくとも最初は、いやいや参加することがあります。しかし、もし教育者が安全な環境を醸成すると（本書、ペリーによる第３章参照）、成人は、どれぐらいその読み物が意味のあるものなのか、どれくらい簡単にそのコンテンツを習得することができるかといった、自分たちの学習に与える価値を発見することができます。

現実の生活における問題に取り組むことは、感情や動機づけに対する関心を高めるもう１つのやり方です。たとえば、マネジメント・プログラムにおいて、成人の学習者がコースにふさわしいローカルビジネスの問題に取り組み、発見したことを、巻き込んだ会社に対して発表することは可能かもしれません。これは文字通り、最も忘れられない経験になるでしょう。同様に、経済学、歴史学、社会学のコースにおいて、大不況のときの経験や記憶について、年配の方を訪問し、インタビューするのもよいでしょう。直接の情報を聞くことは、教科書では決して得られない感情的なコンテクストをつくり出せるでしょう。

感情の裏の側面

人生にストレスがまったくなかったら、おそらく、朝、ベッドから起きられないでしょう。あまりにストレスが多くても同様に、朝、ベッドから起きられないでしょう。ストレス反応に関しては、「より多いこと」が必ずしもより良いとは限りません。経験によって学んだり、感情について話したりする能力は、並外れて素晴らしい人間の資質です。しかし、欠点もあります。ストレス反応は、洞穴で生活するためにつくられたものですが、私たちは、もはや洞穴で生活をしていません。残念なことに、現代の人間の脳は、実際の物理的な危険と、心理的な危険を区別しません。どちらの場合でも、同じ生理学的な出来事となってしまうのです。既述したように、ストレス反応が起こると、その間、合理的な問題解決を行う脳の部分は、効率的に働かなくなります。原始時代の先祖にとって、このことはとてもよく機能していました。サーベルタイガーに出会った際の貴重な一瞬の時間を、あらゆる別の選択肢の検討に使いたくありません。振り返るのではく、まさに反応するときです（サポルスキー <Sapolsky>、1994年）。

しかしながら、目に見える恐怖の存在が合理的な思考能力を減少させることは、教育の場面では問題になります。軽いストレッサー（ストレス要因）でさえ、学習者のパフォーマンス能力にネガティブな影響を及ぼします。また、成人は、教室における状況の多くを、ストレスに満ちているもの、あるいは、怖いものと認識します。たとえば、単に新しいコースであったり、笑われることを想像したり、準備していないときに呼ばれたり、さらには、制限時間内のテストや失敗に対する一般的な恐怖などです。それゆえに、感情は、学習を促進させたり、足かせにもなったりする、両刃の剣なのです。教育者は、最適な学習を促進する、感情的に健全で、ワクワクするような学習環境を醸成するために、感情の生物学的なベースを理解する必要があります。教室は物理的に安全なだけでなく、心理的にも安全である必要があるのです（本書、コゾリーノとスプロケイによる第２章参照）。

心理的に安全であることは、リクスを取ることができる状態を意味します。学習者は、間違った回答をしたり、即答できないことに対して、これまでずっと恥ずかしいと感じてきたり、そんなことをしたら恥ずかしいだろうと思ったり、愚かであると感じたりすると、神経回路のコネクションをつくることができません。心理的に安全な学習環境は、「時間、スペース、思いやりがある」状態です（ダロス、1999年）。そうした安全な環境には、思いつきで浮かんだ部分的なアイデアであっても試すことができると感じる信頼があります。

コネクションをつくることはプロセスであり、学習者はわかったと感じるようになる前に、何回か失敗する必要があるかもしれません。しかしながら、ほとんどの学習者にとって、最終的な答えをすぐ教えてもらうよりも、そのプロセスにおけるステップを振り返り、言語化するように求められるほうが、学習者としての自分自身について自覚する助けになります。たとえば、少人数で、課題を通して思考を促進するようにデザインされたアクティビティなどを行うことは、新たなネットワークをつくる効果的なアプローチとなるでしょう。

結論

これまでこの章で書かれたことの多くは、おそらくほとんどの教育者は直感的に知っていることでしょう。しかし今日では、脳のスキャンによって、それらがベストプラクティスであることを確証することができます（本書、テイラーによる第９章参照）。成人が、意味をつくる機会を与えられ、既存の知識が尊重され、心理的なニーズに配慮されるならば、効果的で、持続的な学習が高まるでしょう。要するに、成人学習の教育者は、神経生理学者にならなくとも、教えることや学習に対して、脳をベースとしたアプローチを効果的に活用することが可能だということです。

参考文献

Daloz, L. A. *Mentor: Guiding the Journey of Adult Learners.* San Francisco: Jossey-Bass, 1999.

LeDoux, J. *The Emotional Brain*. New York: Simon and Schuster, 1996.

Sapolsky, R. *Why Zebras Don't Get Ulcers.* New York: Freeman, 1994.

Schneps, M. H. "A Private Universe: Misconceptions That Block Learning. " (Video.) Santa Monica, Calif.: Pyramid Film and Video, 1989.

Squire, L. R., and Kandel, E. R. *Memory from Mind to Molecules.* New York: Scientific American Library, 2000.

Taylor, K., Marienau, C., and Fiddler, M. *Developing Adult Learners: Strategies for Teachers and Trainers.* San Francisco: Jossey-Bass, 2000.

Wolfe, P. *Brain Matters: Translating Research into Classroom Practice.* Arlington, Va.: Association for Supervision and Curriculum Development, 2002. PAT

第6章

この章では、学習と意識における経験の主要な役割にハイライトを当てます。
また、成人学習の教育者に推奨される、経験に基づいた
インストラクションのプロセスの概要を説明します。

経験、意識、学習とは
—インストラクションへの意味合いを考える

バリー・G・シェックリー（Barry G. Sheckley）
サンディ・ベル（Sandy Bell）

私たち講師は、脳が驚くべき素晴らしい能力をもっていることを知っています。しかし、学習者のレポートや試験の答案用紙にこれらの驚きの例を探そうとすると、フラストレーションを感じずにいられません。私たちは、どうすれば学習者のパフォーマンスを実態のある形として、私たちの期待に近づけることができるのでしょうか？

この問いに対して、脳がどのように働くかについての最新の研究を活用するのも１つの手かもしれません。基本的に、インストラクションは、（１）経験は意識の中核をなす（２）意識は認知機能の中核をなすという２つの原則に従って、デザインされるからです。

経験は意識の中核をなす

人間の脳は、分子レベルでニューロンを結合させることによって、卓越した働きをします。こうした結合の多くは、たとえば心拍を維持するというよ

うに、遺伝的に「プログラムされています」。また、自分を取り巻く環境にあるものが、体の状態に変化を起こした経験に基づいて、ほとんどのニューロンの結合が形成されます（ダマシオ <Damasio>、2003 年）。端的にいえば、共に発火したニューロンは結合を強めるのです（エデルマン <Edelman> とトノーニー <Tononi>、2000 年）。体の状態の変化（a Change of a Body State ／以降 COBS）を繰り返し経験すればするほど、またこの COBS が強ければ強いほど、脳は、経験を思い出すための永続的な FTWT（Fire Together Wired Together : 共に発火し、結合したニューロン）を形成するようになります（ルドゥ <LeDoux>、2002 年）。

たとえば、あなたがコーヒーを一口飲んだとしましょう。すると、口の中の温度が急速に変化し、COBS を自覚することになります。また、もしコーヒーを飲むことがあなたの日課ならば、それに関わるニューロンは、共に何度も発火するでしょう。こうした繰り返しを通して、COBS のエピソードをもつ永続的な FTWT 回路が形成されるのです。

永続的な FTWT 回路は、一度の強烈な COBS の経験によって形成されることもあります。もし、やけどをするような熱いコーヒーカップを手に取って、うっかりぐっと飲んだとすると、燃えるような口の痛みによって極度の COBS を経験することになります。この場合、たとえ二度とコーヒーを飲まないとしても、一度経験した神経インパルスがあまりにも巨大なため、永続的な FTWT 回路や出来事の記憶をつくるには十分なのです（ルドゥ、2002 年）。

コーヒーを飲むというような COBS による永続的な FTWT 回路が形成されると、それが定期的な繰り返し、あるいは、一度の強烈な COBS のどちらによって形成されたとしても、脳は、その回路内に明白な連想（ベリーズで、今まで飲んだ中で最もおいしいコーヒーを出すレストラン）だけでなく、様々な曖昧な連想（たとえば、匂いの微妙な差異、コーヒーの泡の色のバリエーション、茶色の目をしたウェイターという微細な連想）を、暗黙知として蓄積していきます。この暗黙知は、コーヒーを飲むという経験の一般的な「感覚」あるいは「感情」という形式で、FTWT の神経回路にもう 1 つの層を追加します（リーバー <Reber>、1993 年）。

経験に基づいた FTWT 回路もまた、より幅広い意識の基盤となります。たとえば、コーヒーを飲む例でいうと、コーヒーを入れたときのかすかな匂いを想像することが、以前に形成された FTWT のコーヒーを飲むエピソードの記憶に「点火」します。このように、実際にコーヒーを飲まなくても、コーヒーを飲むときの COBS の感覚は意識的に認知されます。そして、この意識的な認知によって行動が導かれるのです。コーヒーを飲みたいかどうか、やけどを避けるためにどうすればよいか、または、アイスティーなどの別のオプションを選ぶかどうかなどといったようにです。

つまり、COBSの経験は意識の中核をなすのです。COBSの出来事がFTWT回路として形成されると、意識の範囲が広がり、それによって行動の最適化を行うオプションが追加されます。このように、意識は思考、推論、問題解決などの認知プロセスの中核をなしています。詳しくは次のセクションで触れます。

意識は思考と推論の中核をなす

脳には、およそ3200万あるニューロンの間で発生する相互作用の中から、ニューロンの活動のダイナミックコア（統一的な意識を生じさせるのに必要となる神経回路を同時発火させる機能）や、その一部を選択する卓越した能力があります（エデルマンとトノーニ、2000年）。この能力によって、脳は、過去に起きた同様の出来事の記憶を用いて、いま起きているCOBSの出来事に対する認知を強化することができるのです（ダマシオ、1999年）。

たとえば、あなたがコーヒーを飲むということについて豊富な経験があると仮定してみましょう。あなたが朝、コーヒーを一口飲むと、あなたの意識的経験は多様な広がりのあるストーリーとして展開するのです（オーライリ<O'Reilly>とルディ<Rudy>、2001年）。

まとまった現象としての意識は構成要素に分解することはできませんが、説明を簡単にするために、ここでは３つの特性に分けてみていきたいと思います。まず、意識の構成要素の１つ目は、即時的なCOBSの出来事（コーヒーの匂い、温度、味、家やコーヒーショップといった場の設定）や心の状態（仕事に遅れている、おしゃべりをするために友達と会う、休暇を楽しむなど）です。２つ目は、過去にコーヒーを飲んだときに起こったすべての出来事（初めてコーヒーを飲んだときに負ったやけど、フレンチビストロで提供されたコクのあるエスプレッソ、そして記憶に保存されたコーヒーを飲むというすべての経験）です。３つ目は、コーヒーを飲むという経験の中に含まれるすべての暗黙のCOBS（匂いの微妙な差異、味の繊細さ、コーヒーの飲み方の作法など）です。

意識はまた、意識を未来へ広げるよう脳に働きかける驚くべき力ももっています（ダマシオ、1999年）。この特性において、意識は未来のシナリオを想起します。それは、たとえば、ミーティングの時間を警告するものかもしれないし、今から２時間、いら立ちを感じることかもしれないし、カフェインが切れて落胆してしまうというものかもしれません。そして、それらは、現実ではないバーチャルなものですが、映像のように想像することで、まるでそれが起こったかのような経験となるのです（ダマシオ、1999年）。

コーヒーを飲むということの、多様で、きめ細かな意識についての経験が複雑なのは、過去、現在、そして、想像した未来のCOBSの経験に基づいた感情を統合する能力を脳がもっているからです。もし、そのような複雑性が、コーヒーを飲むというような日常の出来事にさえあるとするならば、より複雑なトピックの意識が多角的になることは、容易に想像できるでしょう。

では、ここで、脳があらゆる経験ですっかり埋め尽くされた成人学習者について考えてみましょう。もし彼らに、イラクの情勢について政治的な質問をすると、彼らの脳では回答するのに必要な思考を導くため、COBSに基づいたFTWTのエピソードを保有しているタンクから多様な広がりを見せる「意識」へと統合するよう、何百万ものニューロンが活発に動き出します（エデルマンとトノーニー、2000年）。

彼らの反応は、まず即時的なCOBSの出来事に基づいた意識によって影響を受けます。彼らは、質問したあなたや教える側を脅威として捉えるCOBSを経験していますか？　あるいは、人前で自分の気持ちを表現することの不快感に関連したことですか？　また、思ってもみなかった質問をされたという、サプライズのCOBSでしょうか？　あるいは、情熱的な信念を他の人に共有できることへの興奮のCOBSでしょうか？　次に、彼らの意識的反応はそれまでの人生の過去のCOBSの出来事にも影響を受けます。たとえば、新聞記事、軍隊での経験、家族内での態度、テレビのドキュメンタリー番組に対する反応、そして、友だちとのディベートのときの反応などです。また、彼らの反応には、以前の経験において暗黙的であった反応も含まれます。たとえば、別の襲撃が来る予感に対するCOBS、あるいは、イラク戦争とベトナム戦争を関連づける、無意識の連想に基づいたCOBSなどです。彼らの意識的な反応は、まるで今起きているかのように想像する未来のシナリオによっても影響を受けます。彼らは、軍務に招集されることや、バクダッドで軍務に就いたおいが殺されること、今度ニューヨークを訪問したときにテロリストに襲撃されること、クラスで自分の答えが他の人から無視されること、回答によって教師からの評価が下がってしまうことなどに対するCOBSの反応を、無意識のうちに想像するのです。

同様に、最近の新聞の見出しからビジネス倫理のケーススタディを分析するよう彼らに依頼すると、それに対する反応は多様な広がりを見せる意識によって導かれます。成人学習者は、１日の長い仕事からの疲労によるCOBSと奮闘しているかもしれませんし、様々な職場での経験が反応に影響を及ぼします。ひょっとすると、彼らはディスカッションで得た情報を活用し、職場における同様の課題を解決するイメージを描くことで、激しいCOBSを伴って、ケーススタディに共感するかもしれません。もしくは、以前のケーススタディの経験や、見かけ以上にケーススタディが大変なのではないかという暗黙の感覚から、慎重なCOBSを経験するかもしれません。

どんなトピックであろうと（たとえば、イラクの状況、企業の不正行為、もしくはコーヒーを飲むことでさえも）、認知プロセスである思考、推論、意思決定は、そのときの即時的なCOBSの経験に基づきます。つまり、この意識についての経験は、過去に起きたCOBSのエピソード、未来に起こると想像されるCOBSのエピソード、そして過去の潜在的なCOBSの経験に根ざした状況に対する感情や暗黙の感覚に基づいた、まとまったストーリー展開に統合されます。もし、戦争、マネジメント、コーヒーを飲むということの概念に関するCOBSのエピソードがほとんどない人がいるとすれば、彼らは活用するCOBSの感覚をほとんどもっていないため、これらのトピックについての意識が相対的に狭いといえるでしょう。専門用語でいうと、それは「無知」ということです。反対に、広範囲のCOBSの経験をもつ人は、素晴らしい奥行きと幅をもつ意識的な経験を構築することができるでしょう。なぜなら、これらの概念に関する彼らの生涯に渡るストーリー展開は、より広がりがあるからです。

インストラクションの戦略と意識

経験に基づいたCOBSのエピソードは意識の中核をなすということ、そして意識は多様であり、様々な形の意識が、多くの認知プロセスの中心にあるということを理解している講師は、それ相応にインストラクションのアクティビティを計画することができます。次のセクションでは、経験に基づくインストラクションのプロセスを組織化する上で役立つ戦略のいくつかを説明します。このインストラクションのプロセスは、学習者の認知プロセスを導く意識に、奥行きと幅を与えるでしょう。

戦略１：過去の経験のベースラインから始める

前述したように、学ぶ側が学習を始める際、彼らは白紙状態ではありません。そのため、講師が、学習を強化する最初のステップとしてできることは、学習者が学習の出来事に持ち込む意識に注目することです。それ以外のことからスタートしてしまうと、「無駄な努力や不必要なコスト、フラストレーションを生むことになるでしょう」（キートン <Keeton>、シェクリー、グリックス <Griggs>、2002 年、P49）。講師は、即時の反応、過去の経験、未来の状況について学習者側に問いを投げかけてみてもよいでしょう。また、そのような質問は、クラスのディスカッション、インタビュー、（学習者の学習成果を一元化する）学習ポートフォリオ、ショートエッセイなどに組み込んでもよいかもしれません。

学習者の反応は、講師の戦略に磨きをかけ、最適化してくれます。講師は、反応から得られた情報を、たとえば、数学を学ぶことへの意識的な不安のような学習を妨げるかもしれない原因を緩和するために使うことができるでしょう。講師は、学習者が問題解決や自分の目標を達成することで感じる、意識的な喜びを積み重ねるよう自習の選択を与えるなど、学習を強化する状況を創り出すとよいでしょう。

また学習者は、これまで経験した生命維持のための COBS に基づく感情とつながる価値ある情報を取捨選択するので、講師は、学習者の過去の経験を、新しいコンセプトやアイデアが付着できるマジックテープとして生かしてもよいでしょう。このように、インストラクションの戦略として、多くのアプローチが可能なのです（キートン、シェクリー、グリックス、2002 年）。講師は、学習者に過去の経験を振り返り、その経験に培われた課題に対する思い込みを明確にするよう促してもよいでしょう。そして、別の見方を探求することや、他の説明とそれらの思い込みを対比させること、あるいは、彼らが立てた推論の妥当性を確認することによって、思い込みから新しいコンセプトやアイデアをつくるように促します。講師は、学習者が自分たちの経験に基づいた見方を他と比較するために、グループを編成し、異なる意見を議論させることもできます。

講師にとって、学習者の過去の COBS を基盤とした意識の情報もまた、取り上げられたトピックについて学習者がもつ誤解を解くためのヒントになるでしょう（本書、ウォルフによる５章「どのようにして誤解が生じ、持続するかについての例」参照）。こうしたことが明らかになることで、講師は、新しい情報に対する学習を妨げるかもしれない考えを、学習者が再構築する支援に注力することができます。そのような誤解に対処することで、講師は、学習者が状況を理解し、行動方針を計画するために活用する思考の複雑性と正確性を広げることを支援します。

講師は、学習者の過去の経験を多様に広がる意識に統合することができます。こうして講師によって統合されたストーリー展開は、今度は学習者の問題解決能力を強化します。たとえば、私たちが行った調査研究では、複雑な問題解決のタスクにおいて、過去の学習のポートフォリオを蓄積し編集することで、これまでの人生におけるCOBSに基づいた経験を、整理されたストーリー展開へと統合した学習者は、そのようなストーリー展開を構築しなかった学習者よりも格段に優れているという結果が出ました（ルグロウ <LeGrow>、シェクリー、クルハーン <Kehrhahn>、2002年）。

戦略２：学習者の意識を広げる

学習者は大抵、現在と過去のCOBS経験をつなげることができます。たとえば、「これは今感じていることである」、そして「これは私の過去の人生のエピソードにどう関連していたのか」といった具合です。一方、過去に経験したことのない状況を理解するために、経験に基づいた意識を広げようとすると、しばしば困難に出遭います（ゲントナー <Gentner> とマーカム <Markham>、1997年、ヴォス <Voss> とポスト <Post>、1988年）。講師は、学習者がこの困難を乗り越えることを助けることができます。

イマヌエル・カント（Immanuel Kant）は、自著の『純粋理性批判』の中で、「知覚による認識の結果（経験に基づいた意識）がない概念（アイデア）は空である」「概念のない知覚による認識の結果は盲目である」と述べています（カント、1897年）。言い換えれば、COBSのエピソードだけに基づいている個人の意識は、「盲目」だということです。そのため、学習者によっては、自分が経験していない状況に対して意識を広げることができないかもしれません。新しいアイデア、概念、見方によって、学習者は広い視野で経験的な意識を「見る」ことができるようになり、より広範囲の状況に意識を一般化し、適用することができるようなります。しかし、戦略1で既述したように、経験に基づいた意識へのつながりがないと、学習者はどんな新しいアイデアでも、それ自体空っぽなものとして経験するのです。

学習者にとって、今までにない状況に対する意識を広げる能力を高めるための極めて重要なインストラクションのステップは、学習者が目を見開くような新しい概念を学ぶことを支援し、文字通り、過去の経験による目隠しを取り去ることです。もう1つのステップは、学習者が過去の経験を振り返ることを支援することによって、新しい情報を学習者のCOBSの経験に基づいた意識につなげ、彼らにとって無意味だったアイデアや概念、理論に生命と意味をもたらすことです。

たとえば、成人学習の博士課程に入学する学生は、すでに学習者がどのように学ぶかについて多様な意識をもっています。第一に、彼らは彼ら自身が成人学習者であるというCOBSの感覚をもっています。彼らはまたトレーナー、カリキュラム開発者、成人向けのプログラムのインストラクショナル・デザイナーとして数多くのCOBSの経験ももっています。教える側として、最高の成人学習の方法を考えなければならない状況を学ぶ側に与えると、彼らは多次元の個人の意識を使うようになります。しかしながら、この意識によって、新たな可能性をたびたび見失ってしまうことがあります。よって、講師としての私たちの仕事は、学習者の成人学習についての意識がより広がり、豊かなものになるように、見えない領域を取り除き、彼らの意識の層を拡大することです。そうすることで、私たちは、学習者が新しい見方と過去の経験とをつなげることを支援できるのです。このつながりがなければ、新しいアイデアに生命は宿らないでしょう。

たとえば、講師である私たちは、新たな経験（成人学習者が仕事において熟練するために、どのようにして学んできたのかについてインタビューをするなど）、新たなアイデア（リサーチによると、教室で学んだ情報はほとんど実践で活用されていないといったこと）、新たな見方（アフリカの農村で生き延びるための学習の役割について考えるなど）を学習者に提供することで、成人学習における多様な意識を再考できるように継続的に働きかけることができます。私たちは、新たな経験、新たなアイデア、新たな見方を導入しつつ、概念マッピングによって、学習者がそれらを成人学習の意識的な経験へと統合するのを支援します（"CMap Tools"、2005年）。

（初心者の対照として）熟達者は、意識を拡大するために、うまく構造化された概念モデルを使うということが調査によって示されています（ワイリー<Wiley>、1998年）。ですから、私たちは、学習者が、熟達者が使用するのと同様な、うまく構造化された概念モデルを構築するよう支援します。概念マッピングは、このプロセスにおいて計り知れないほど貴重なツールとなります。私たちが、最初のクラスで典型なこととして取り組むのは、講座で取り上げる考え方やトピックの概要を説明しながら、講座の参加者が成人学習の方法の概念モデルを構築する支援を行うことです。ここでの説明は多様な広がりを見せる彼らの意識に基づいているということを強調しておきます。概念モデルの構築には、この講座で得た成人学習者としての即時のCOBSの経験が関わってくるでしょう。彼らの仕事において、成人学習者と取り組んだ過去の経験もまた影響を及ぼすでしょう。これを混ぜ合わせることで、彼らは講座の期間を通して取り上げられる考え方や理論を習得することができるのです。

また、各講座で、私たちは適合について議論します。たとえば、この読書は成人学習者としての個人の意識にどのように適合するのか？　今週の読書は過去の経験と一致するか？　多少なりとも不一致はあるか？　これらの読書と自分の経験をどのように統合するつもりなのか？　こうした議論を通して、学習者は概念マップをつくります。それは、図６－１にあるように、講座の期間を通じて進化する概念を描写したものです。

図６－１　成人学習の概念マップ（受講者作成）

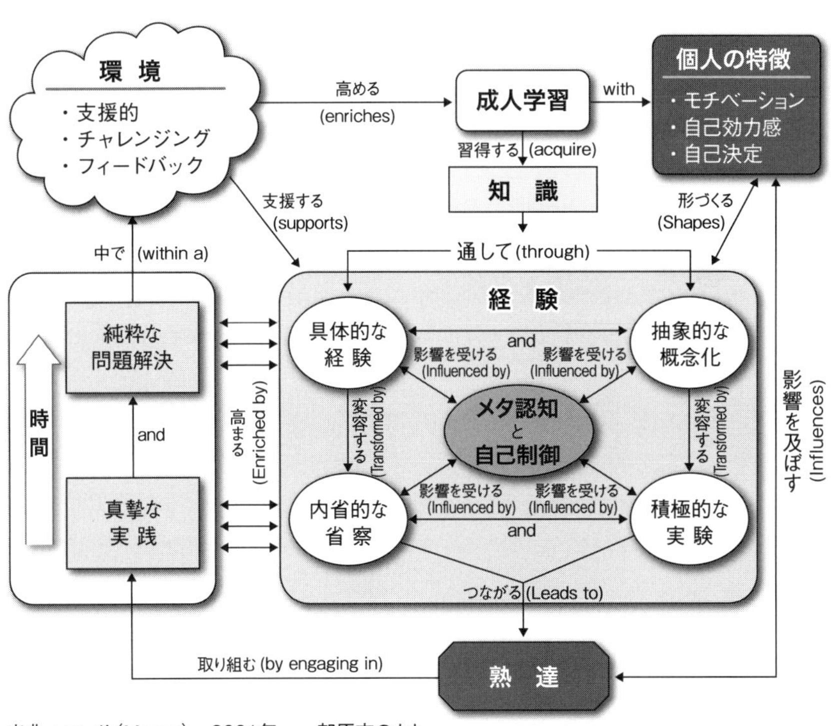

出典：マッサ（Massa）、2001年。一部原文のまま

図６－１は、私たちの講座に参加した学習者が概念マッピングの作成に取

り組んで、最終的に完成したマップです。講座の最後のインタビューで、彼は、個人の特徴についてのアイデアや、マップの中に含まれている環境の役割は、講座実施前のCOBS経験に基づいたものであるということを表明しました。彼はまた、講座の中で出合った新たなアイデア（真摯な実践、メタ認知、自己制御など）によって、彼の過去の経験が補完され、成人学習についての自覚的な気づきが広がり、プロの教育者としての能力が高まりました。

戦略 3：意識を高める

COBSの経験が、意識を高めるFTWTを確立する基盤であることを知ると、講師はCOBSを促す可能性が高い活動を取り入れようとします（参照：テイラー、マリーノー、フィドラ、2000年）。この目的を達成するために、講師は、次のようなことを自分たちの講座に組み入れるのもよいかもしれません。たとえば、成人が仕事という実生活で直面しているような刺激的な出来事、ロー対ウェイド事件の合憲性（妊娠を継続するかどうかの判断は女性のプライバシー権の中に含まれるということで、堕胎権利の保障を示した裁判）をトピックとしたディベート、1066年のヘイスティングの戦いのような歴史上の出来事と現在の生活を関連づける活動、イラク侵攻についての世論調査を行うようなリサーチプロジェクト、モックストックポートフォリオのようなバーチャル株式交換シミュレーションなどが挙げられます。FTWT回路を形成するのに十分なCOBSの経験がない場合、エピソードは決して記憶されませんし、学習はまったく起きません。

また、講師は、暗黙知の層に対する学習者の意識を高めることもできるでしょう。セールスの電話をかけたり、コンピュータプログラムをデバッグしたり、込み入った歴史上の出来事を振り返ったり、出版物に掲載する記事を書いたりするような複雑な活動に関与すると、学習者は、文字通りこれらの状況の中でもつれた複雑なパターンを暗黙のうちに学習します（エデルマンとトノーニー、2000年）。こうした暗黙の学習は、直接的な支援がなく行われます（ブロードベント <Broadbent>、フィッツジェラルド <Fitzgerald>、ブロードベント、1986年）。そのように学んだ暗黙の意識、あるいは前意識の知識は、複雑な状況の中で、どのようにしたら最もうまくいくかというやり方に対する感触やほぼ直感的なもので、FTWTのネットワークを増やしているように見えます（リーバー、1993年）。学習者の暗黙知を強化することに関心をもつ講師は、学習者の脳の中にある大脳基底核が、状況を取り囲む複雑なパターンを暗黙のうちに学習するということを理解し（あるいは信じて）、学習者を直接複雑な状況に置くことで、彼らの暗黙知を強化することができます。

COBSの経験が促進し作用する範囲を調整することで、学習を強化する講師は、学習者にとって価値ある貢献をします。学習者がもつCOBSの感覚の次元が広がれば広がるほど、思考、推論、意思決定の際に使えるリソースの奥行きと幅がさらに高まるのです。

結論

この章を通して、私たちは、経験が意識のブロックをつくり上げ、次にこの多様に広がる意識が認知プロセスを導くということを伝えてきました。座学で講義を聞くことは、意識を広げるCOBSの経験につながるかもしれませんが、脳の働きについての研究によると、座学は学習を強化するやり方としては、あまり効果的ではないかもしれません。しかし、次のようなインストラクション上の戦略は、より一層効果的です。たとえば、過去の経験に基づいて学習内容を組み立てる、過去の経験の範囲を越え、目新しい状況に対する意識を高めることができる活動に学習者を引き込む、暗黙知の層を加え、経験を伴って意識を強化することなどです。

いつも学習者を教室に連れていく代わりに、学習者の意識の中心にあるCOBSの出来事を経験できる仕事場や生活の場に連れていくことで、講師はもっと直接的に学習者に働きかけることができるでしょう。以前私たちは、金融系のコールセンターの代理店の現場において、この章で概要を説明したいくつかの戦略について実行可能性を試したことがあります。量的かつ質的データを活用した徹底的な評価によれば､経験に基づいた学習プログラムを行った結果、参加者はパフォーマンスの改善だけでなく、思考の複雑さや曖昧さへの耐性、人生とキャリアについてたくさんの選択肢がある仕事の状況という枠組みをも越えた、広い意味での一般的な自主性の発揮についても改善しました。証明された成果の１つ目は、仕事で直面した経験が学習の基盤となったときに学習は高まるということです。２つ目は、認知開発やメタ認知において得られたものは、私たちが大学で教える伝統的なコースで得たものに匹敵するということです（シェクリーとベル、2005年）。

現在進行中の脳の研究によって、経験がどのように意識を高めるかについての理解が深まるにつれて、私たちは、これらに関する知識が高等教育の改革やイノベーションに活用されることを願っています。また、私たちは、成人の学び方にとってよりふさわしいプロセスで、講師が成人学習者を教えることを夢に描いています。

参考文献

Broadbent, D. E., Fitzgerald, P., and Broadbent, M.H.P. "Implicit and Explicit Knowledge in the Control of Complex Systems." *British Journal of Psychology,* 1986, 77, 33—50.

"CMap Tools: Knowledge Modeling Kit." 2005. http://cmap.ihmc.us/; retrieved Jan. 20, 2006.

Damasio, A. *The Feeling of What Happens: Body and Emotion in the Making of Consciousness.* Orlando: Harcourt Brace, 1999.

Damasio, A. *Looking for Spinoza: Joy, Sorrow, and the Feeling Brain.* Orlando: Harcourt Brace, 2003.

Edelman, G. M., and Tononi, G. *A Universe of Consciousness: How Matter Becomes Imagination.* New York: Basic Books, 2000.

Gentner, D., and Markham, A. B. "Structure Mapping in Analogy and Similarity." *American Psychologist,* 1997, 52(1), 45—56.

Kant, I. *Critique of Pure Reason* (J.M.D. Meiklejohn, trans.). London: George Bell, 1897.

Keeton, M. T., Sheckley, B. G., and Griggs, J. *Effectiveness and Efficiency in Higher Education for Adults: A Guide for Fostering Learning.* Dubuque: Iowa: Kendall/Hunt, 2002.

LeDoux, J. *The Synaptic Self.* New York: Simon and Schuster, 2002.

LeGrow, M., Sheckley, B. G., and Kehrhahn, M. T. "Comparison of Problem-Solving Performance Between Adults Receiving Credit via Assessment of Prior Learning and Adults Completing Classroom Courses." *Journal of Continuing and Higher Education,* 2002, 50(3), 1—13.

Massa, N. *Concept Map on Adult Learning: Department of Educational Leadership.* Storrs: University of Connecticut, 2001.

O'Reilly, R. C., and Rudy, J. W. "Conjunctive Representations in Learning and Memory: Principles of Cortical and Hippocampal Function." *Psychological Review,* 2001, 108(2), 311—345.

Reber, A. S. *Implicit Learning and Tacit Knowledge: An Essay on the Cognitive Unconscious* (vol. 19, Oxford Psychology Series). New York: Oxford University Press, 1993.

Sheckley, B. G., and Bell, A. "Increasing Call Agents' Proficiency: A Successful Corporate University Partnership." In B. Sugrue, S. Carliner, and R. Cote (eds.), *Proceedings of the First ASTD Research-to-Practice Conference-within-a-Conference.* Alexandria, Va.: ASTD Press, 2005.

Taylor, K., Marienau, C., and Fiddler, M. *Developing Adult Learners: Strategies for Teachers and Trainers.* San Francisco: Jossey-Bass, 2000.

Voss, J. F., and Post, T. A. "On the Solving of Ill-Structured Problems." In M.T.H. Chi, R. Glaser, and M. J. Farr (eds.), *The Nature of Expertise.* Mahwah, N.J.: Erlbaum, 1988.

Wiley, J. "Expertise as Mental Set: The Effects of Domain Knowledge in Creative Problem Solving." *Memory and Cognition,* 1998, 26(4), 716—730.

第7章

脳の実行機能に関する研究は、教育や学習における構成主義や経験的なアプローチの裏づけとなっています。

意味のある学習と脳の実行機能の関係を探る

ジョフリー・ケイン（Geoffrey Caine）
リネト・ヌメラ・ケイン（Renate Nummela Caine）

この章では、意味のある学習と効果的な意思決定の相互関係についてみていきます。意味のある学習は、構成主義の観点から定義していきます。そして意思決定については、ニューロサイエンティストが言うところの脳の実行機能の観点から考察します。もちろん、ニューロサイエンスは、意思決定のあり方や重要性を確立するためには必要ではありません。しかしながら、脳の実行機能というレンズを通して問題を調べることで、作用しているメカニズムの仕組みを多少知ることができます。また、より役立つこととしては、重要な意思決定力が危うくなったとき、あるいは妨害されたときに何が起こるかについて深い見識を得ることができるということです。

「学習」の意味

記憶すること、理解すること、洞察すること、行動変化、スキル開発、成熟といった、学習を連想させる用語やプロセスは、それぞれがいくつも重なり合って存在しています。本書では、これらの違いについて探求すると長くなってしまうので、意味を構築すること、つまり、物事の意味を理解することとしての学習に焦点を当てていきたいと思います。

学習の特徴は、構成主義の原理に基づいて長い間に渡って明らかにされてきました。それは、「すでに整理された物事について学習者に理解してもらうというよりはむしろ、学習者が自らの経験を通じて、彼らにとって意味をなす理解を構築する」学習のあり方です（カウチャック <Kauchack> とエゲン <Eggen>、1998年、P.184）。構成主義は、長い歴史をもち、常に論争を引き起こしてきました。また、様々な議論の元となっています。たとえば、構成主義が、学習者が行うことを実際に描写するかどうかについては、強く否定する声もありますし（ベネット <Bennett>、フィン <Finn>、クリッブ <Cribb>、2000 年）、構成主義者自身が、意味の構築は、本質的に個人のプロセスもしくは、社会的なプロセスであるということに異論を唱えています。

私たちは、認知心理学とニューロサイエンスの両方のリサーチに基づき、これまで次のようなことを議論してきました。それは、概念を適切に理解し、スキルやその領域に精通するためには、自分自身で物事の意味を理解しなければならないということです。他者がどれだけ知っているか、または、コーチ、メンター、教師がどれだけ支援するかは関係がないのです。また、私たちは、意味の構築には、社会的側面が必要不可欠であるだけでなく、個人の要素も欠かせないという議論もしてきました（ケインとケイン、1994年、2001年、ケイン、ケイン、マックリンティック <McClintic>、クリメク <Klimek>、2005 年）。

新たな意味の構築が起こると、その結果、ものの見方がシフトします。それは、世界をどのように見るか、そして、その世界にいる自分自身をどのように見るかということです。私たちは、これまで次のように提唱してきました。「このことを『理解』した人々は、世界の新たな見方を得ることになります。それは、以前は見えなかった問題が、見えるようになるということを意味します。つまり、それは状況のニーズを把握できるようになるということです。ものの見方がシフトしなければ、文字通り、新たな方法で状況を読むことはできません。彼らが研修で学んだことを実行に移せない理由は、新しい環境において作動するために必要なものの見方のレンズが備わっていないからなのです」（ケインとケイン、2001 年、P.69）。そのため、ゲーテは「新たな認知器官」について論じました（ザイアンス <Zajonc>、1993 年）。

人々が物事の意味を理解し、ものの見方をシフトするためには、十分で適切な経験をしなければなりません。人々は、インストラクションや情報配信からではたやすく得られないことを経験から学ぶのです（本書、シェクリーとベルによる第６章参照）。なぜなら、ものの見方のシフトには、知的な理解よりも多くのことが求められるからです。理解することとは、人間の心理状態と生理的反応の関連を捉えようする精神生理学全体に関わる観点を含んでいるため、ものの見方のシフトには意味の具現化が求められます（ケイン、2004 年)。意味の具現化は、学問の世界において、徐々に認められるようになってきています（参照：ダマシオ、1999 年、バレラ <Varella>、トンプソン <Thompson> とロッシュ <Rosch>、1995 年、レイコフ <Lakoff> とジョンソン、1999 年)。しかし、私たちが普段の生活の中でも、物事に対して感覚をつかんだり、はっきりするということがあるように、意味の具体化とは本来、日常的に見受けられるものなのです（ケインとケイン、2001 年)。

経験は重要です。なぜなら、システム全体が十分に連動するのは、かなりの範囲の適切な経験を通してのみだからです。そのため、学習者は、カリキュラムが埋め込まれた経験の世界を通る必要があります。なぜならこの経験の世界では、状況において概念やスキルを使うことで、意味を獲得することができるからです。このプロセスは、状況的認知[*5]（レイブ <Lave> 他、1991 年）や認知コーチング[*6]（コリン、ブラウン <Brown>、ホルム <Holum>、1991 年）のような概念によって導かれます。

ここで注意しなくてはならないことは、「経験」という言葉が狭義と広義の意味の両方をもっていることです。たとえば、学ぶべきトピックについて読書や誰かの話を聞くこともまた経験です。しかしながら、意味のある学習は、読書や傾聴のときに、どれぐらい打ち込んでいるか（没頭しているか）という度合いが関係してくるのです。本の内容に対して自分の考えや質問をもつほど没頭する読者は、単に言葉の表面上の意味を読む人たちとは、異なる読み方をします。没頭した読者は、より身体、脳、心を使っているのです。

しかしながら、読んだ内容の意味を適切に理解するためには、読むこと以上のことが求められます。ある段階では、身体や感覚を使って関わり、完全な意味が現れると、読書とつながる感覚や身体的な出来事の想起が求められるのです。したがって、たとえば、ある本が、管理とマネジメントの技術に関してどれほど良書であったとしても、管理の本質を完全に理解するためには、学習者が、管理やマネジメントの活動に注意深く関わらなければなければなりません。あるいは、過去の管理やマネジメントの経験を思い出し、考えなければならないのです。

---

5. 状況の中に埋め込まれた行為を中心に考える物事の捉え方
6. 相手が自分の認知の仕方に気づくような質問をコーチが行うことを重要視したコーチング

アクター（主体者）中心の適応型意思決定

しかしながら、人は単に経験するだけでは十分ではありません。経験に基づいた学習の本質的な側面は、適切な意思決定をすることです。日常生活において、人々は状況を受け止め、解釈し、それから多かれ少なかれ適切に反応し、何に対してより注意を払うか、フィードバックにどう対応するか、何を追求するかなどを意思決定しています。これは、エルクノン・ゴールドバーグ（Elkhonon Goldberg）（2001年）が「アクター（主体者）中心の適応型意思決定」（ACADM：Actor-Centered Adaptive Decision Making）、あるいは「エグゼクティブ・リーダーシップの意思決定」と呼ぶものです。ゴールドバーグは、ほとんどのエグゼクティブ・リーダーシップの意思決定は、実際のところ、事実に基づくというよりも、優先順位に基づき、曖昧な環境において下される臨機応変なものであると記しています。優先順位づけによる曖昧な状況の解決に影響を与える認知プロセスは、厳格な決定論的状況を解決する認知プロセスとは、かなり異なります（P.79）。

明確で正しい、あるいは間違った答えがあるときの意思決定は、事実との一致に基づいています。用紙の特定の空欄を埋めたり、小説の登場人物のことを思い出し、暗唱したりするような「レシピ（コツ）」に基づいた行動はどれも、事実との一致に基づいた意思決定といえます。一方、今起きていることについての解釈や、行動の選択を必要とする問題や状況はACADMだといえます。現実生活において、ACADMの例はたくさんあります。たとえば、大渋滞のときの運転や難しいお客さまへどう対応するかという意思決定、自然の力によって起きたハリケーン、津波、地震のような災害の状況における意思決定があります。学習環境において、構造が不明確な問題は、真実ではないという識別や反応を受けるものです。こうした識別や反応を受けるという意味で、構造が不明確な問題は、分析やクリティカル・シンキングのスキルを教えるのに、とても効果的なものといえます

アクター（または学習者）中心の適応型意思決定は、構成主義学習の鍵です。学習者は、意思決定が求められる曖昧な状況にいる自分たち自身が、研究分野になんらかの関与をしていることに気づきます。これは店頭販売をしている人や、会計監査に携わる人、研究室にいる人など、誰にでも当てはまります。人が物事の意味を理解し、有益な知識を習得するようになるのは、意思決定やフィードバックをしているときなのです。学習者中心の適応型意思決定（LCADM：Learner-Centered Adaptive Decision Making）は少なくとも２つ

のレベルで行われます（コリン、ブラウン、ホルム、1991年)。まず、人がその道に精通するにつれ、その領域における問題解決に向けた戦略に基づく意思決定を行います。そして、次に管理（制御）戦略と管理プロセスが行われます。このプロセスには、メタ認知（パーフェクト <Perfect> とシュワルツ、2002年)、自己効力感（バンドゥーラ <Bandura>、2000年)、自己制御（シュワルツとシャピロ <Shapiro>、1976年）といわれるようなものが含まれます。

たとえば、所得税の還付手続きのノウハウを習得したい人がいたとしましょう。まず１つ目のレベルでは、税コードと手順とともに、クライアントによって提出された明細を理解し、整理する必要があります。もう１つのレベルでは、人の仕事量を調整し、監督し（特に、所得税還付申請期限である４月15日が近づくにつれて）いら立ちや意思疎通の不十分さ、煩わしいクライアントへの対処ができる必要性があります。また、特定の質問がきたときには、リサーチできるようにしておく必要性もあります。成人学習者は経験に基づいた、構成主義学習のカリキュラムに参加すると、多少の差はあれども、基本的に同じプロセスが結果的に起きるのです。

ここまで説明してきた効果的な意思決定には、人間がもつ様々な機能の統合が求められます。それは、自分自身の感情のコントロールによって得た知識や、人生（あるいは、学習）をマネジメントする様々な機能の側面に至るまで幅広いものです。ニューロサイエンスの分野では、人体における脳の実行機能という名のもとに、これらの能力や、またこれらがどのように統合するかなどの調査が行われ始めています。

実行機能

実行機能は、脳の前頭皮質、前頭前皮質（額の裏側に位置する）の中心を大きく占める、たくさんの機能を使用します。この領野は、感情、思考、記憶、体または身体的な動作の調整と統合を担っています。そのため、前述したように、実行機能は、たくさんのプロセスを統合し、さらには、問題解決とプロセスのコントロールといった、極めて重要な役割を担うのです。

ゴールドバーグ（2001年）は、実行機能をオーケストラの指揮者の役割に例えています。指揮者は、楽器を演奏するなど、オーケストラのメンバーがしていることは何もしません。指揮者は、音楽全体をどのようにまとめるかを担当しているのです。たとえば、バイオリンが最前面に出る必要があるとき、オーボエの音量をどれぐらいにするかを決めます。また、独奏者がどのように他の奏者とハーモナイズするかに影響を及ぼしています。このすべては、指揮者が演奏の音量、ペース、リズムを抑えるときに起きているのです。

指揮者のオーケストラへの働きかけは、実行機能と呼ばれる機能グループの脳内の働きに似ています。この働きには、情動、自己制御、ワーキングメモリー、抑制の要素などが組み合わされています。そのため、ブーン(Boone)(1999年)は、「実行機能」は、意志、計画立案、目的をもったアクション、効果的なパフォーマンスに関連した能力であると定義しています。またデンクラ(Denkla)(1999年)は、実行機能は、脳の高次の皮質の働きの中核をなし、注意や記憶をする際の働きとほとんど一致すると提唱しています。

実行機能の中心には、未来の目標を達成するための適切な問題解決を継続的に行っていく能力があります(ペニントン<Pennington>、ヴェネット<Vennetto>、マクアリアー<McAleer>、ロバーツ<Roberts>、1994年、P.586)。その能力は、ワーキングメモリーとも呼ばれています。ワーキングメモリーは、特定の行動や計画を遂行するために、計画やプログラムを頭にとどめる、あるいは必要になるまで「オンライン」にしておく能力のことをいいます。ワーキングメモリーは、人の自動的な反応を無効にし、問題解決の戦略を代替策(柔軟性とも呼ばれる)へと導いてくれます。

脳の実行機能の範囲はまだはっきりとわかってはいませんが、ここまで説明してきた、意思決定、制御、プロセスの統合の中心にあることは明白です。つまり、すでに示唆してきたように、教育者にとって直接的で実用的な推論として、学習者の実行機能を発達させ、働かせることを促す最良の方法は、教育や学習に構成主義アプローチを採用することなのです。学習者が日常的にLCADMを行うと、意味が構築され、実行機能が要求されます。これは、読書や直接のインストラクションをすべきではないと言っているのではありません。むしろ、これらの活動は、複雑な問題や、コースの内容と学習者の個人的な関心を結びつけるプロジェクトとうまく調和させるべきなのです。

実行機能は妨害される

実行機能が妨害され、意味の生成が損なわれる可能性は、人間に本来組み込まれています。これは、生存反応が緊張状態を生み出すことに起因しています。

ここで大事なポイントは、人はどうすることもできない無力さや疲労によってもたらされる恐れを経験すると、生存反応が作動し、高次の機能の多くが無視されるということです（サポルスキー、1998年、ピーターソン<Peterson>、マイアー<Maier>、セリグマン<Seligman>、1996年）。この問題は、様々な形で検討されてきました。たとえば、過度のストレスがもたらす悪影響（マキューエン<McEwen>、2001年、サポルスキー、1998年）、外的報酬と処罰が創造性に及ぼす影響（デシ<Deci>とライアン<Ryan>、1987年、コーン<Kohn>、1999年）、脳の中の恐れの経路（ルドゥー、1996年）などです。

脳内で起きていることの詳細な説明は、ジョセフ・ルドゥーによってなされてきました。彼は、ハイロード[*7]とロウ（サバイバル）ロード[*8]を区別しました。彼は、人が砂漠でヘビかもしれないし、そうでないかもしれないものに出くわすとどうなるかを例として提示しています。感覚入力が起きた後、状況に関する最初の印象は、扁桃体で形づくられます。そこで起こり得る１つの反応は、ハイロードです。すなわち、人が状況について考えたり、振り返ったりすると、大脳皮質の中にある高次の機能が起動します。もし、その人がヘビを警戒する動物学者であれば、彼の脳内ではこうしたことが起こるかもしれません。もう１つの反応はロウロードです。これは、考えたり、振り返ったりすることなく、とっさの行動を導く自動応答回路です。ロウロードは、闘争・逃走反応に基づいたものです。それは、例えるならば、十分な知識や情報をもたずに山登りに挑もうとする登山者によく起こることです。大きな恐怖感覚や無力さが生存反応の引き金となり、高次の大脳皮質の活動が無視されてしまうのです。さらに新陳代謝の動きも鈍くなります（サポルスキー、1998年）。

成人学習の教育者は、かなりの割合の学習者が生存モードになること（無意識ではあるが）を心積もりしておかなければなりません。多くの成人にとって、テストを受けることは、威嚇するようなヘビと出くわすのと同じです。人によっては、公衆の前で話したり、演奏したりするのもヘビと同じです。仕事が危機にひんしたり、新たなスキルをうまく習得できるかどうかに生活がかかっていたりすると、状況は大抵悪化します。特に、変化が急に押し寄せてきたり、サポートがなかったりすると、なおさらです。講師に悪気はなくても、もしこうした現実に無関心でいると、学習者は成り行きに身を任せて、独りでヘビに立ち向かってしまうのです。

このような状況においては、知覚領域の狭窄が起こります。そうしなければ、たとえば、明らかな指示を見落としたり、誤解したりするからです（コームズ

7. 感情を司る脳の神経処理経路で、意識的に入力情報を処理する経路
8. すべて無意識のままに高速処理が進む経路

<Combs>、リチャード <Richards>、リチャード、1998年)。つまり、より本能的ないし、初期にプログラムされた行動の様式に戻ってしまい、メタ認知能力を含む高次の能力にアクセスしにくくなるのです(ルドゥー、1996年)。

当然のことですが、生存反応は覚醒水準の連続体に沿って拡大していきます。ペリー(1996年)は子どもに起こる5つの精神状態を特定していますが、大人にも類似した状態があります。彼が特定した段階は平穏、覚醒、警告、恐怖、極度の恐怖の5段階です。覚醒水準の連続体に沿って、この5段階を一段階進むと、実行機能はより損なわれ、物事の意味を理解し、効果的な意思決定を実行するのがより難しくなります(本書、ペリーによる第3章参照)。

これらの反応はすべて、学習者が恐れや無力さを感じるようになるにつれて、学習者の意思決定を弱体化させる役割を果たします。狭義では、適切な情報を認識できないことから物事の意味を理解する能力が減退し、学習者は状況を十分に読み取ることが難しくなるのです。より広い意味では、恐れが関心や楽観主義よりも優先されることで、モチベーションのような他の能力が、マイナスの影響を受ける可能性があります。さらに、計画立案、メタ認知、意思決定が危うくなるにつれて、さらなる学習を確実にするアクションを取る能力も減退してしまいます。その上、学習者の発達上の成熟度の段階によってもこれらのそれぞれの反応は変わります。また、特定の状況に精通しているというような、その他の要因によっても変化します(キーガン、1994年、テイラー、2006年)。このように、全体プロセスは普遍的に適用されますが、具体的な反応は人によって異なるのです。

アクションへのガイド

まず第一に、学ぶ側と教える側の両方にとってのチャレンジは、意味のある学習のために最適な心の状態をつくり、その状態を維持することだといえます。それはいわゆる「リラックスド・アラートネス(relaxed alertness:リラックスした中での緊張状態)」のことです(ケイン、ケイン、マックリンティック、クリメク、2005年)。この状態を生み出すためには、生存を脅かすような反応が起きないようにする条件をつくり出す必要性があります。これは、「不安や恐れが常に不適切である」といおうとしているのではありません。不安や恐れは両方とも、混乱や不確実な状況、あるいは人生で課される問題に対処しなければならないとき、当然の結果として現れるものです。重要なことは、それらは人々を消耗させたり、不適切に起きるものではないということです。

学習者の適切な心の状態を育む鍵は、安心感と、コースないしクラスで生まれるコミュニティをつくることです。コミュニティをつくるために欠くことのできない鍵は、傾聴する姿勢をもち、傾聴の仕方を知ろうとすることです。これらは、教える側と学習者の両方に必要とされます。私たちが多くの状況で採用した有益なプロセスは、私たちが「オーダード・シェアリング」と呼ぶものです。このプロセスでは、学習者は小さなグループで集まり、探求すべきテーマが与えられます。すべての人は同じだけ話す時間があり、誰も途中で遮ったりしません。こうして、スペースや時間を争わずに、順々にすべての人が話し、すべての人が、他の人が話しているときは聴く練習を行います（詳細参照：ケイン、ケイン、マックリンティック、クリメク、2005年、リソースC）。ゆっくりと時間をかけてこれらを実践することで、活発なディベートやディスカッションのときでさえも、より良い聴き手になることができます。教える側もこの姿勢とスキルを習得する必要があります。私たちは、教える側自身が小グループ（いわゆるプロセス・ラーニング・サークル）で集まり、同じやり方で取り組む方法を取っています。

心の状態を維持するのに加えて、学習者は適切に練り上げられた経験にどっぷりと浸る必要があります。その経験とは、その経験の最中や経験の後の両方の場面で、必要な処理や消化を行わなければならないものです（ケイン、ケイン、1994年、シェーン <Schön>、1990年）。これに完全に取り組むことはインストラクションのすべての理論と実践を含んでおり、この論文の範囲を超えています。しかしながら、ここでは、リラックスド・アラートネスを促し、生存を脅かすような反応が起きないようにすることによって、脳の実行機能を働かせる状態のつくり方について、その導入部分を紹介しました。また、ここで紹介したソリューションは、一部はリサーチによるもので、他の部分は様々な状況や大学での経験など、現実の世界における個人的な経験によるものです。

目的や情熱の発見と養成

学習者にとって、難しい状況に対処し、複雑な問題に向き合い続けることは、そのソリューションや質問が彼らにとって本当に重要であれば、とても簡単なことです。適度に（なぜなら気にし過ぎると機能不全になってしまうので）関心を寄せ、気に掛ければ掛けるほど、精神的にも身体的にもより学習に適用できる状態になります。逆に言うと、もし学習者の目的や関心が軽く扱われ、無視されたり、あまりにも目標や目的に注力し過ぎると、生存を脅かす反応が誘発されてしまいます。この教育における意味合いは、学習者にとって重要なことは、可能な限りカリキュラムに組み込むべきだということを示しています。しかし、学習者が状況に注力する度合いや結果はチェックしなければなりません。

１つの鍵は、学習者の関心に基づいた課題をつくることです。たとえば、学習者が特定のコースを履修している理由を探求し、コースの内容とその理由をつなぐような課題をつくり出すよう促すのです。学習者が純粋に関心をもつと、彼らはより注意を払い、より粘り強く、（もし学習者の質問が純粋に歓迎され、求められるなら）適切な質問をする可能性が高まります。

生存モードを認識する方法の習得

人は恐れや無力さを感じていることを実感しないと、そのことにうまく対処することができません。たとえば、落ち着き、抑制するよう、怒って主張する人が良い例です。同様に、多くの教育者は、学習者の感情の状態を効果的に解読することができません。特に、学習者が感情をあらわにせずに、内側に引きこもってしまうときはなおさらです。学習者が取るべき方向性は、より成熟し、自己認識を高めるということです。また、教育者の取るべき方向性は、自分自身の成長に焦点を当てることに加え、学習者の身体や心の中に起きていることの手掛かりを探し、観察することを実践することです（ポーカーのプレーヤーはこのサインを「テル（癖）」と呼びます）。

たとえば、腕組みや退屈なそぶりは単なる無関心を映し出しているのかもしれないし、そうではなくて、自己防衛を示しているかもしれません。学習者が質問するのは、関心の現れかもしれません。しかし、たくさんの質問をする学習者が、かなりの頻度で繰り返し行っているならば、それは恐れや逃避の現れなのかもしれません。もちろん、私たちは人の心を読むことはできないので、常に最大限に理解しようとするしかありません。しかし、学習者の心の内側で起きていることを正確に理解するためには２つの鍵があります。１つは信頼しつつも正直な関係をつくることです（これは時間がかかり、学習者に対する思いやりとスキルを必要とします）。もう１つは、押しつけがましくなく、圧倒することもなく、学習者の心の内側が明確になるような巧みな質問をすることです。

スキャフォールディング（足場づくり）の技術の実践

成人学習の古典的な落とし穴は、あまりにも目標が高過ぎて、あまりにもたくさんのことをやり過ぎてしまうことです。先を見越して積極的に取り組むべきこととしては、教える側と学ぶ側が足場をつくる技術を習得することです（パンタムベック <Puntambek> とフーバシャー <Hubscher>、2005 年）。この技術では、教育者側は学習者側の関心を引き出すよう支援し、適度に複雑で困難な経験をつくり、必要に応じて、模範となり、実演し、質問し、処理します。そして、学習者が有能になるにつれて、足場をはずしていきます。もちろん、人はそれぞれ唯一無二の存在ですので、足場は学習者や状況に合うように調整されなくてはなりません。

最後のコメント

本章で議論した問題は、まさに成人学習そのものに関してでしたが、それらは、人生のあらゆる場面に当てはまります。なぜなら、物事の意味を理解して行う意思決定のプロセスは、どこでも展開されるからです。この章で紹介されたポイントは、親、教師、コーチ、マネジャー、スーパーバイザーなどによって有効に活用されると思います。誰かと共に働くすべての人は、実行機能を働かせるべきです。そして、生存モードになりそうなときには、どのように実行機能を働かせ、回復させるかを知っておくべきです。

参考文献

Bandura, A. "Self-Efficacy: The Foundation of Agency." In W. J. Perrig (ed.), *Control of Human Behavior, Mental Processes, and Consciousness.* Mahwah, N.J.: Erlbaum, 2000.

Bennett, W. J., Finn, E. F., and Cribb, J.T.E. The Educated Child: *A Parent's Guide from Preschool Through Eighth Grade.* New York: Free Press, 2000.

Boone, K. "Neuropsychological Assessment of Executive Functions." In B. Miller and J. Cummings (eds.), *The Human Frontal Lobes: Functions and Disorders.* New York: Guilford Press, 1999.

Caine, G. "Getting It! Creativity, Imagination and Learning." *Independent School,* Winter 2004, pp. 10—18.

Caine, G., and Caine, R. *The Brain, Education and the Competitive Edge.* Lanham, Md.: Scarecrow Press, 2001.

Caine, R., and Caine, G. *Making Connections: Teaching and the Human Brain.* Alexandria, Va.: Association for Supervision and Curriculum Development, 1994.

Caine, R., Caine, G., McClintic, C., and Klimek, K. *12 Brain/Mind Learning Principles in Action: The Field Book for Making Connections, Teaching, and the Human Brain.* Thousand Oaks, Calif.: Corwin Press, 2005.

Collins, A., Brown, J. S., and Holum, A. "Cognitive Apprenticeship: Making Thinking Visible." *American Educator,* 1991, 6—11, 38—46.

Combs, A., Richards, A., and Richards, F. *Perceptual Psychology.* Lanham, Md.: University Press of America, 1988.

Damasio, A. *The Feeling of What Happens: Body and Emotion in the Making of Consciousness.* Orlando: Harcourt Brace, 1999.

Deci, E. L., and Ryan, R. M. "The Support of Autonomy and the Control of Behavior." *Journal of Personality and Social Psychology,* 1987, 53(6), 1024—1037.

Denkla, M. B. "A Theory and Model of Executive Function: A Neuropsychological Perspective." In G. Lyon and N. Krasnegor (eds.), *Attention, Memory, and Executive Function.* Baltimore, Md.: Brookes, 1999.

Goldberg, E. *The Executive Brain: Frontal Lobes and the Civilized Mind.* New York: Oxford University Press, 2001.

Kauchak, D. P., and Eggen, P. D. *Learning and Teaching: Research-Based Methods.* Boston: Allyn & Bacon, 1998.

Kegan, R. In Over Our Heads: *The Mental Demands of Modern Life.* Cambridge, Mass.: Harvard University Press, 1994.

Kohn, A. *Punished by Rewards.* Boston: Houghton Mifflin, 1999.

Lakoff, G., and Johnson, M. *Philosophy in the Flesh: The Embodied Mind and Its Challenge to Western Thought.* New York: Basic Books, 1999.

Lave, J., Wenger, E., Pea, R., Brown, J. S., and Heath, C. *Situated Learning: Legitimate Peripheral Participation.* Cambridge, UK: Cambridge University Press, 1991.

LeDoux, J. *The Emotional Brain.* New York: Simon and Schuster, 1996.

McEwen, B. *The End of Stress as We Know It.* Washington, D.C.: Joseph Henry Press, 2001.

Pennington, B., Bennetto, L., McAleer, O., and Roberts Jr., R. "Executive Functions and Working Memory: Theoretical and Measurement Issues." In G. Lyon and N. Krasnegor (eds.), *Attention, Memory, and Executive Function.* Baltimore, Md.: Brookes, 1999.

Perfect, T. J., and Schwartz, B. L. (eds.). *Applied Metacognition.* Cambridge, UK: Cambridge University Press, 2002.

Perry, B. D. "Neurodevelopmental Adaptations to Violence: How Children Survive the Intragenerational Vortex of Violence." 1996. http://www.childtrauma.org/CTAMATERIALS/vortex_interd.asp; accessed Nov. 12, 2005.

Peterson, C., Maier, S., and Seligman, M. *Learned Helplessness.* New York: Oxford University Press, 1996.

Puntambek, S., and Hubscher, R. "Tools for Scaffolding Students in a Complex Learning Environment: What Have We Gained and What Have We Missed?" *Educational Psychologist,* 2005, 40(1), 1—12.

Sapolsky, R. *Why Zebras Don't Get Ulcers: An Updated Guide to Stress, Stress-Related Diseases, and Coping.* New York: Freeman, 1998.

Schön, D. A. *Educating the Reflective Practitioner: Toward a New Design for Teaching and Learning in the Professions.* San Francisco: Jossey-Bass, 1990.

Schwartz, G. E., and Shapiro, D. (eds.) *Consciousness and Self-Regulation: Advances in Research* (vol. 1). New York: Plenum Press, 1976.

Taylor, K. "Autonomy and Self-Directed Learning: A Developmental Journey." In C. Hoare (ed.), *Handbook of Adult Development and Learning.* New York: Oxford University Press, 2006.

Varella, F. J., Thompson, E., and Rosch, E. *The Embodied Mind: Cognitive Science and Human Experience.* Cambridge, Mass.: MIT Press, 1995.

Zajonc, A. *Catching the Light: The Entwined History of Light and Mind.* New York: Oxford University Press, 1993.

第8章

社会的認知ニューロサイエンスは、メンターと学習者の関わり合いの中で起きる、発達に向けた学習に科学的な理解を与えます。

メンターと学習者の関係性をニューロサイエンスから考える

サンドラ・ジョンソン（Sandra Johnson）

メンターは、学習者と関わりながら、学習者が知恵や知識を生み出すことを促し、「発達に向けた学習の旅路」のガイドとして共に歩んでいく存在となります。認知ニューロサイエンスや社会的認知ニューロサイエンスによると、メンターと学習者の間にある特定の関係が結ばれると、脳内に変化が起きることが証明されています。この章では、信頼の構築や、学習者との感情的調和、脳の可塑性を高める社会的相互作用などを通して、どのようにしてメンターが学習者の発達を促すのかについて、科学的なフレームワークを用いながら考察していきます。

信頼によって促進される発達

「講座の内容を学習者に習得させることが最も重要である」と考える成人学習の教育者がいる一方で、メンターは、「学習は発達を促すものである」と考えます。ここでいう「発達」とは、「当事者と世界の間にある関係性について、幅広く、深い問いを連続的に尋ねること」を意味します（ダロー、1986年、

P.236)。また、ブルックフィールド(Brookfield)(1987年)によると、発達は、「自身の根底にある、自己、社会、そして現実に対する想定を認識し、探求し、挑むことによって生じる」とされています(P.134)。メンターは、学習者に質問を投げかけ、自身の想定を疑うことを促し、同時に感情面のサポートを行いながら、こうした旅路を支援します。さらに、学習者にとって、不確実性が高く、かつ自問が続くような落ち着かない時間の中で、学習者が目指すビジョンや新たな自我、自己認識が現れたときにどう感じるかを示すことで、メンターは粘り強く希望を与え続けるのです(ダロー、1999年)。

この旅路については、ペリーの画期的な研究(1968年、1999年)の中で説明がされています。ペリーは、学習者が変移する様子を、次のように特定しています。(1)権威的存在の発言を信じているだけ(2)権威も時には失墜し、必ずしも正解をもっていないと認識する(3)真実は、それぞれ独自のコンテクストをもつということを認識する(コンテクストとは、ある想定に基づくつながりのことを意味し、独自の内部ロジックをもつ)(ダロー、1999年、P.75)(4)「私たちの世界の見方は、変容させられている」という、文脈的な相対主義へとシフト(P.75)します。学習者と歩む、この発達の旅路の最初のステップは、「信頼を生み出す」ことにあります(ダロー、1999年、P.122)。メンターは信頼を築くことで、育成に必要な関係性と「支持的な環境」を構築し、発達を促進させます。ウィニコット(Winnicott)(1965年)は、「支持的な環境」という言葉を最初に使い、子どもにとって、愛情をそそぎ、世話をしてくれる人の心理的な存在が、初期の自我の発達をいかにサポートするかを明らかにしました。

ダロー(1986年)は、大人の場合、そうした支持的な環境があれば、「新たな自我を統合することが可能になるため、世界の中で意味や一貫性を保ちながらも、生涯に渡って遭遇する新たな発見にもオープンでいることができる」としています(P.190)。学習の認知的なプロセスや、人が相互作用するときに起きるニューロンの相互作用に注目する最新の研究は、成人学習の教育者に、メンターと学習者の関係性が脳に及ぼす影響を科学的に教えてくれます。今では、この教育ニューロサイエンスという新しい分野の登場により、学習と発達には、信頼を築き、安全で支持的な環境を創り出すことが、非常に重要であることが証明されています。

信頼と学習をニューロサイエンスの見地から理解する

信頼が確立されるような、不安がなく、愛情のあるプロセスからは、生化学プロセスが次々と生み出されます。そして、脳内の神経回路の成長やつながりが刺激され、強化されます（スカー、1994年、コゾリーノにより引用、2002年、P.191）。言い換えれば、信頼のおける他者からのケアや励ましは、神経回路の変化を促進します。なぜなら、作り替えられる、あるいは身体的に作られるという意味で(ズル、2002年、P.116)、脳には可塑性があるからです。また、神経回路は、知識が蓄えられるところでもあります。つまり、「知識の変化はどんなものでも、神経回路が何かしら変化した結果として起こる」ものなのです(ズル、2002年、P.92)。

メンターが支援的で、思いやりがあり、励ましを与え、最適な学習環境とバランスの取れた熱意をもっていると、学習者は、思考活動を、より高次の脳の領域（前頭皮質）へと移しやすくなります。前頭皮質では、内省的な活動と抽象的思考が行われます（「高次の」領域と呼ばれるのは、その領域が、身体的にも進化の初期段階で発達した原始的な領域の上に位置しているからです)。このプロセスを通して、前頭皮質に力を与える神経伝達物質（ドーパミン、セロトニン、ノルエピネフリン）が刺激され、脳の可塑性が促進され、さらなる神経回路につながり、意味ある学習がもたらされます（コゾリーノ、2002年)。経験（学習）は、配線（ニューロンの構造の成長や再組織化）を変化させます。なぜなら、それはニューロンの活動を変化させるからです（本書、シェクリーとベルによる第６章参照)。

メンターとの信頼関係が脳の再組織化、成長、そして学習につながるという発見は、成人学習の教育者が長く真実だと考えていたことを、確信へと変えました。その真実とは、もしメンターが、安全で信頼のある関係性や支持的な環境を創ることができれば、学習者は、思考を再整理し、発達に向けた旅路の発展期に進むことができるというものです。社会的相互作用と感情的調和という、メンターに関わる２つの力強いプロセスが、「脳の進化と形成」(コゾリーノ、2002年、P.213）に寄与します。この２つのプロセスによって「脳は刺激を受け、育ち、組織化され、統合される」のです（コゾリーノ、2002年、P.213)。

社会的相互作用と感情的調和

メンターは、社会的相互作用を通して、学習者の脳の成長と発達に貢献します。その1つの形態がダイアログです。ダイアログを通して、メンターは学習者の思考を理解しようと試みるだけでなく、質問を投げかけて、内省につながるニューロンのプロセスを刺激します。学習には経験が必要ですが、併せて、内省も必要になります。なぜなら「内省（リフレクション）は、まさに、つながりを探し求めることである」からです（ズル、2002年、P.164）。したがって、信頼する人と内省を促すダイアログを行うことは、学習の自然な形であるといえます。脳は、目の前に現れた（新たな）知識と、すでに知っていることとの間にある、ニューロンのつながりを探し、生み出します。内省は、ニューロンのつながりを生み出す認知的なプロセスといえます。そして、つながりが生まれると、ニューロンのマップが書き換えられ、その知識に関する心的表象が得られます。発火するニューロンが多いほど（つまり、内省を通して、多くのつながりが生まれれば生まれるほど）、そのトピックに関するニューロンの表象は複雑となり、長く持続することになります（ショル <Shors> とマツェル <Matzel>、1997年）。

社会的認知ニューロサイエンスによると、私たちの脳は、社会的相互作用から学習できる身体的なメカニズムを、太古に発達させたことが明らかになっています。こうした身体的なメカニズムは、私たちが感情的にも、身体的にも安全でいるために必要な知識を得られるよう、進化を遂げてきました（スターン <Stern>、2004年）。そのおかげで、私たちは次のようなことが可能となりました。（1）感情的に調和し、共感的な相互作用・言葉を扱う（2）他者の意図を考慮する（3）他者が考えていること、感じていることを理解しようとする（4）どのように相互作用したいかを考える（スターン、2004年）。これら4つの発達における能力は、メンターと学習者の間の内省的、社会的な相互作用の進化の土台となります。

感情的調和は、メンターの働きかけによって、発達をサポートするもう1つの方法です。この概念は、デューイ（Dewey）（[1938] 1997年）が述べた次の見解を思い起こさせます。「教育者は、個人を個人として共感して理解する必要があります。そうすることで、教育者は、学習者の心の中で実際に何が起こっているかを理解することができるのです」（P.39）。社会的認知ニューロサイエンスによると、脳が学習するためには、感情的に調和する他者を探し求める必要があるのです。感情的調和は、恐れを緩和します。恐れは、学習を阻害するものとして、成人学習や発達の分野で数多く認識されています（ブルックフィールド、1987年、ダロー、1986年、1999年、メジロー他、1991年、ペリー、［1970］1998年）。生存や恐怖に対して条件づけされた反応は、辺縁系として知られる、原始的な脳に由来しています。私たちは、社会的な存在であり、社会に受け入れられることを求めて仲間に目を向けます。これは、仲間の価値観や理解の仕方を受け入れることを含みます。私たちの中により複雑な認知が育まれ、これらの価値観に疑問を抱き始めるとき、原始的な防衛反応や感情が明確に現れます。実際に、学習者が権威的存在を疑い始めると、不確実性や仲間から見捨てられることへの恐れ（「私はあなたと同じではありません。だからあなたは私を拒絶するでしょう」という恐れ）に直面することになります。

学習者は、複雑な思考をするにつれて、多様な視点や「正しくないという不確実さ」を受け止めきれなくなるかもしれません。この時こそ、弁証法的な内省のプロセスが必要となります。このプロセスは、辺縁系と脳のより高次な領域とのつながりを強化します。これは、眼窩前頭野－辺縁のつながりと呼ばれます（コゾリーノ、2002年）。言い換えれば、信頼関係があり、感情的に調和したメンターと学習者の間のダイアログは、学習者が自分の感情を辺縁領域から脳のより高い次元の領域（眼窩前頭皮質）へと移動させる支持的な環境を創り出すのです。その領域では、「理性の声」を見つけることができ、学習者は、恐れを自分で調整することができます。そして、「他者の目を通して」ものを見始め（ダロー、1986年、P.226）、新しい情報を文脈に当てはめることができるようになるにつれて、私たちは抽象的な思考に進みます。このプロセスを通じて、私たちは脳の前部にある基礎的な構造から、快楽物質を得ます。この物質は、こうした発達の旅路を学習者が歩み続けられるよう動機づける報酬を生み出します。

ダロー（1986年）は、発達を促進するためにメンターが果たす役割について執筆する中で、学習者が抱く恐れについて記述し、「学習者が混乱と不確実性を受け入れ、安全だと感じられるよう、メンターが支援することの必要性」について論じています。「彼らが暗闇に入り、恐ろしいと感じるものをしっかりと探求するよう奨励するのです。それは、彼らが自分の力で前進し、『星のない夜空』の意味を理解し始める、絶好の機会となるのです」（P.83）。

支援の場を築く

それでは、メンターである成人学習の教育者は、学習者が混乱や不確実性を安全なものだと感じ、この「暗闇」に入ることを、いかに支援できるのでしょうか？　言い換えれば、辺縁系に端を発する恐れを、学習者が自身の力で調整できるよういかに支援できるのでしょうか？　その鍵は、メンターと学習者の関係性によって創られる場にあります。その場では、学習者はメンターによって固有の存在として扱われ、価値あるものとされ、安全であると感じることができるのです。この種の関係性が、「2人の温室」を構築します（ダロー、1986年、P.221）。

> その壁の中では、学習者は、他の人たちに見せるのとは違った自分自身を表現することができます。なぜならそこには深い信頼が存在しているからです。関係性からは特別なカルチャーが生まれます。そこでは、ある種の成長が促されるよう奨励されることもあれば、阻害されることもあります。そして、外の世界からは、ある程度切り離されています。なぜなら、この「中の世界」が、通常の状況にはない特別な機会を提供するからです。多くの人にとって、自分の話を親密に聴いてもらえる体験は、とてもまれなことです。それは、新たな自我が徐々に生まれるために必要な触媒となり得ます。メンターは、耳を傾けることによって、その新たな自我の聴衆となります。学習者にとって、それは多くの場合初めての経験となります。学習者は先進的な考え方だと感じていることをためらいがちに肯定します。そこで耳にする考えは、この安全な場の外で検討するにはあまりにも危険すぎます。こうした考えは、静かな優しい声から生まれてくるのです（ダロー、1986年、P.221）。

外の世界から切り離され、ダローが「スペース」と呼んだ存在が、脳にどんな影響を及ぼすかについては、社会的認知ニューロサイエンスの見地からあらためて洞察を得ることができます。

認知ニューロサイエンティストは、発達心理学と向き合い、幼児と保護者との関係性について研究しています。なぜなら、私たち人間が生まれてから最初にもつ関係性は、保護者とのものであるからです。その研究の中では、未来の愛情の関係性についての深い示唆が見出されました（スターン、2004年）。ガレーズ（Gallese）は、幼児と保護者は「間主観的なスペース」に入ると考えています（フリス <Frith> とウォルパート <Wolpert>、2003年）。このスペースは、幼児と保護者の間に起きる感情的な共鳴のプロセス（スカー、2002年）や感情的調和を通して築かれます。このスペースにおいて、保護者の精神面でのサポートは、幼児たちがもつ辺縁系の原始的な生存メカニズムがもたらす、極めて強い心配や恐れからの救済となります。子どもはそうした救済を自分自身で行うことができません。なぜなら、子どもが生まれながらもっている進化した身体的な脳のメカニズムは、そうした愛情を求め、サポートを受けるようにできているからです。こうした脳のプロセスは、私たちが愛する存在を探し続けるのと並行して、生涯に渡って発達し続けます（スターン、2004年）。

ミラー・ニューロンと呼ばれる、ある特定のタイプのニューロンは、他者の感情を共感的に理解することで、感情的調和を促します（スターン、2004年）。メンターからのケアやサポートを感じるときに、学習者の恐れは弱まります。メンターの目の中に、自分がなることができる姿が映し出されていたとしたら、学習者は自分で自信がもてるようになるまで、その自信を借り入れる（取り入れる）ことができます。言い換えれば、ミラー・ニューロンによって、学習者は、メンターが自分に抱く自信を感じ、そこに加わることができるのです。

ダロー（1986年）は、学習者の潜在能力を映し出すことを、「学習者の鏡になる」というように、比喩的に論じていましたが、比喩にとどまらず実際に、感情的に調和した他者の目を見ることは、発達を促進する社会的相互作用の１つの重要な形であるといえます。スカー（1994年）は、眼窩前頭皮質はアイコンタクトから実際に刺激を受けると述べています。ある特定の細胞は、顔の表情や視線に反応するのです。社会的な信号に注意が向けられることによって、脳の高次の領域が活性化され、学習者の安全性が確保されます。このことは、遠距離におけるメンターとの関係性など、身体的にアイコンタクトを生み出すことができない場合にもメンタリングが効果的に持続する現象について説明することはできませんが、信頼と安全な環境が確立されたときに、脳がどのように機能するかは明らかにすることができます。

メンタリングの関係性には、他にも特別な場が存在しています。それは最近接発達領域[9]（Zone of Proximal Development ／ 以下、ZPD）と呼ばれるものです（ヴィゴツキー <Vygotsky>、1978年）。ZPDは、支持的な環境（安全な状態を含む）と同様の特徴を多くもっていますが、「スキャフォールディング（足場づくり）」が行われるところに特徴があります。ダイアログ（疑問と新た

9. 他者からの支援を受けて発達（学習）することが可能な領域

な視点の提示）とニューロンが発火する引き金との間にある関係性について現在理解されている視点から考えてみると、私たちはスキャフォールディングを新たな形で説明することができます。それは、新しい情報を取り入れ、学習者がニューロンのつながりを探し、古い知識と新しい知識を、再構成された心的な表象に統合するプロセスとして捉えられます。創造性や抽象的思考は、前頭連合野における脳の実行活動によるものです（ズル、2002 年）。脳は、映し出された情報を内省したり、操作する（または再調整する）ことで、新しい知識や信念を生み出します。したがって、ZPD は、抽象的思考や創造性のインキュベーターとして捉えることができます。そこは、生まれかけの静かで柔らかい自己の力が、発揮される場所なのです（ダロー、1986 年、P.222）。

知識を創造する人の発達を支援する

学習者の発達の旅路において、学習者を、ただ知識を受け取る存在としてではなく、知識を生み出す存在として扱うときが来ました（ズル、2002 年）。いかにしてメンターは、学習者が生き生きと力強い、創造的なプロセスに向かうことを支援するのでしょうか？　例えて言うなら、メンターは、学習者が自己の声を探すための特別な「レーダー」やリスニング・デバイスをもっているのです。ダロー（1986 年）は、次のように考えています。「最も重要なのは、潜在的な学習者の声を呼び出すことです。なぜなら、私たちは、話すように働きかけられない限り、話すことを学ぼうとしないし、実践を伴わなければ、考えようとしないからです」（P.225）。

メンターからのこの種の励ましは、非常に重要なものです。抽象的な思考には、「恐れが伴うことがあります」（ズル、2002 年、P.179）。学習者は、自分の考えが間違っていたり、「そうした抽象的な考えが個人の脳から生まれたものであるため、他の人の考えとは異なっていることを恐れます。抽象的な考えは、摩擦を生むかもしれません。私たちが皆、異なる考えをもつと、困ったことになるでしょう」（P.179）。メンターのサポートを通して、学習者の中に自分自身の声が生まれてくるにつれて、学習者は新たな世界に入ることができます。そこでは、自身の固有の考えに基づいて行動することで、貢献することができます。そして、とりわけ、創造的な精神のパワーを感じることができ、その創造性が進化していくことを理解できるようになります。そうなると、次第に他者の進化の旅路をもサポートできるのです。

近年における認知ニューロサイエンスや社会的認知ニューロサイエンスの進化により、私たち成人学習の教育者やメンターは、信頼関係や支持的な環境を築き、さらには、内省や抽象的思考を促すZPDなどの間主観的なスペースを築くことが、いかに神経学的に影響を及ぼし、重要であるかということを知ることができます。学習者が二次元から多次元の文脈的な思考へと移る旅路を支援するメンターの役割は、「松明を灯して道を示すガイド」だといえるでしょう（ダロー、1999年、P.244）。

参考文献

Brookfield, S. D. *Developing Critical Thinkers.* San Francisco: Jossey-Bass, 1987.

Cozolino, L. *The Neuroscience of Psychotherapy: Building and Rebuilding the Human Brain.* New York: Norton, 2002.

Daloz, L. *Effective Teaching and Mentoring.* San Francisco: Jossey-Bass, 1986.

Daloz, L. *Mentor: Guiding the Journey of Adult Learners.* San Francisco: Jossey-Bass, 1999.

Dewey, J. *Experience and Education.* New York: Simon and Schuster, 1997. (Originally published 1938.)

Frith, C. and Wolpert, D. *The Neuroscience of Social Interaction: Decoding, Imitating, and Influencing the Actions of Others.* New York: Oxford University Press, 2003.

Mezirow, J., and Associates Fostering. *Critical Reflection in Adulthood.* San Francisco: Jossey-Bass, 1991.

Perry, W. G. *Forms of Ethical and Intellectual Development in the College Years.* San Francisco: Jossey-Bass, 1998 (Originally published 1970.).

Schore, A. *Affect Regulation and the Origin of the Self: The Neurobiology of Emotional Development.* Mahwah, N.J.: Erlbaum, 1994.

Schore, A. "Dysregulation of the Right Brain: A Fundamental Mechanism of Traumatic Attachment and the Psychopathogenesis of Posttraumatic Stress Disorder." *Australian and New Zealand Journal of Psychiatry,* 2002, 36, 9—30.

Shors, T. J., and Matzel, L. D. "Long-Term Potentiation: What's Learning Got to Do with It?" *Behavior and Brain Sciences,* 1997, 20(4), 597—655.

Stern, D. N. *The Present Moment in Psychotherapy and Everyday Life.* New York: Norton, 2004.

Vygotsky, L. *Mind in Society: The Development of Higher Psychological Processes.* Cambridge, Mass.: Harvard University Press, 1978.

Winnicott, D. W. *The Maturational Processes and the Facilitating Environment.* New York: International University Press, 1965.

Zull, J. E. *The Art of Changing the Brain.* Sterling, Va.: Stylus, 2002.

第9章

脳の機能に関する近年の発見によって、成人学習のベストプラクティスが、
発達を伴った成人の成長にどのように寄与するかが、
明らかにされています。

脳の機能と成人学習—実践に向けて

キャスリーン・テイラー（Kathleen Taylor）

本書ではここまで、私たちの仲間である皆さんに、成人学習の教育者としての目的を果たす上で大きな支援になると考えられる研究を紹介してきました。執筆にあたって、各章の寄稿者たちには、特に「実践家」にとって価値があるテーマを取り上げてもらうようお願いしました。なぜなら、成人を教える教育者たちは、神経生物学は言うまでもなく、成人学習とは異なる分野の専門家であることが多いからです。これらを踏まえ、この章では、成人学習の実践が脳の機能といかに関連し、意味を生む学習につながるのかについて、より明確に示していきたいと思います。

本書でも多くの著者が指摘しているように、私たちが「心」と呼ぶものは、体に起きた事象に対する脳の反応から生まれます。脳の最も重要な役割は、生命を守ることです。脳は、体の外側、内側がどういう状態にあるかを常にモニタリングし、必要に応じて調整を行うことで、その役割を果たします。たとえば、よく知られている「闘争・逃走反応」は、脳が危険な兆候を知覚したときに、確実に生き残れるように反応することを指しています。また、快楽反応は、闘争・逃走反応とは異なる神経経路によるものですが、同じく生き残るためのもう１つの方法であるともいえます。なぜなら、快楽反応によって、生命体は、カロリーの高い食事や生殖に導かれ、母性本能によって乳児をケアしようとするからです。また、たとえ環境から与えられる緊急な刺激がないときであって

も、脳はホルモンや呼吸速度、心拍数などをモニターし、調整しています。こうした反応は、脳の最も原始的な部分である辺縁系で起きていて、私たちの直接的な意識やコントロールを超えたものです。

一方、最近になって発達した（とはいえ、何千年以上もかけてですが）大脳新皮質や前頭葉は、脳の中でも文明的な部分であるといえます（ゴールドバーグ、2001年）。ここで詳細に述べることはしませんが（ゴールドバーグ、ダマシオ、シーゲルの参考資料を参照）、この２つの部分が発達することで、私たちが現在、意識と呼ぶものが生み出され、記憶と関連づけられるようになりました。危険や誘惑を伝えるホルモンの分泌自体をコントロールすることはまだできませんが、そうした信号に私たちがどの程度まで反応すべきかについては、意識的に決定することが可能です。ただし、そうした発達が進行する中にあっても、辺縁系は、依然として脳の機能の核として存在します。そして、あらゆる記憶に対して、そのとき体がどんな状態にあったかのイメージを提供するのです。

意味を生む学習

パット・ウォルフェが第５章で述べたように、シナプスのレベルでは、学習は常に記憶と関係しています。学習は、継続的なニューロンのつながりを生み出します。しかし、学習をこのように定義することは、意味の創造や自己内省を含む学習というよりも、刺激と報酬に基づいた行動のトレーニングを連想させます。そこで、私は代わりに、「意味を生む学習」に注目します。その中でも特に、認知的な複雑性を高めるような学習にフォーカスを当てます。それは言い換えると、「知っていること」を変化させるだけではなく、「どのように知っているか」を変化させる学習です。私は、単に観察可能な行動を変化させたり、経験の記憶をより多く蓄えさせるためだけに、成人学習に取り組んでいるのではありません。重要なのは、そうした経験や記憶の蓄え方、引き出し方を変えることにあります。なぜなら、「学習の最も重要な形式には、経験、概念化、理解のあり方を変化させることが含まれるからです」（マートン <Marton>、1992年、P.253）。

ここで私が強調したい変化とは、特定のコースの内容をマスターするといったことを超越したものであり、成人学習全体に関わる包括的な目的といえます。その目的には、たとえば、「知識は、与えたり、与えられたりするものではなく、構成されるものであると理解すること」「自身の信念に基づいてものを見る能力を高めること」「学習と発達は、生涯を通しての目的に値するという認識をもつこと」といったものが挙げられます（テイラーとマリーノー、1997年、P.233）。そうした「発達の目的」（テイラー、マリーノー、フィドラー、2000年）を理解する教育者は、キーガン（1994年、2000年）が「近代の要求」[*10]と提唱したものを学習者に理解させ、効果的な反応ができるように促すでしょう。脳の機能についての近年の発見は、ここで私が述べた成果と、成人学習のベストプラクティスとを結びつけてくれます。こうした理由から、私は熱意にあふれ、興奮しているのです。

この章では、「構成主義と経験学習」「ナラティブ（語り）、自伝、ジャーナル（記録）、記述学習」「正解のない学習」「変形学習とリフレクション」「感情の役割と『ケアとしての教育』」などを主要テーマとして取り上げます。こうしたテーマは、最終的には重なり合っていたり、つながったりしています。しかし、最初の３つのテーマは、教育や学習の戦略に着目しており、後ろの２つのテーマは、どちらかというと理論により重きが置かれているといった違いがあります。

構成主義と経験学習

構成主義は、当初、理論上の考え方として提唱されました。しかし、脳に関する新たな研究が進むにつれ、構成主義の基本的な前提である「学習とは、学習者の心の中で構成されるものである」という考え方が確かなものとされたように思います（対立する見解については、ケインとケインによる本書第７章参照）。書籍や講義、メディアや権威のある人の発言など、多くの外的要因が学習を手助けすることもあるかもしれません。また、学習を構成することは、常に社会文化的な環境から影響を受けているともいえます（ヴィゴツキー、1978年）。しかし、たとえ私たちが学習に関する機能（たとえば、必要なデータを読んだり、吸収したりするなど）を実行しても、もしそのデータが意味ある情報として神経回路とつながらなければ、記憶として思い出す以外はほとんど活用されず、本当の意味で学習したことにはなりません。また、学習者にとって意味をもたないデータは、大抵の場合、限られた短い時間の間しか記憶さ

10. Kegan, R. “In Over Our Heads: The Mental Demands of Modern Life” を参照

れないということを、多くの教育者は知っています。ただし、暗記学習と記憶術は例外です。たとえば、九九表や円周の計算などの簡単な公式は記憶に残りやすいといえます。これは、そうした記憶が、若いときに得られたものであるということも部分的には影響しています。ただし、そうした記憶も積極的に使われなければ、薄れていくかもしれません。ト音記号の音階を (E)very (G)ood (B)oy (D)oes (F)ine として覚えるといった記憶術[11]がうまく機能するのは、フレーズやイメージを構成する言葉が過去の経験と結びついているからです（本書、シャクリーとベルによる第6章参照）。つまり、脳がどのようにイメージを具体化するかについての理解を踏まえると、継続し、意味を生む学習には、経験が不可欠であることがわかります（マートンとブース <Booth>、1997年）。

ジェームズ・ズルの第1章では、彼が「収集する、内省する、創造する、検証する」と名づけた、4本の「学習の柱」を補強する脳の構造について、簡単に紹介しました。この4本の柱は、デイビッド・コルブが提唱する学習サイクルの「具体的経験、省察、概念化、試行」とちょうど一致しています。コルブが、ピアジェ、デューイ、レヴィンらによる過去の研究をもとに、自分のモデルを進化させ、統合したことを考えると、こうした一致が見られることは、いっそう興味深く感じられます。ピアジェ等の学習に関する考えは、主として観察、内省、分析を基盤とするものですが、現在脳の機能について理解されていることを、はるかに先行して明らかにしていたのです（素晴らしい観察者の洞察を通して知れ渡った事例に拍手を送りましょう！）。

コルブの「具体的経験」という言葉が示すように、「教育者は、学習者の脳にある、既存の神経回路から学習をスタートさせる必要があります。なぜなら、その神経回路は、学習者が事前にもっていた知識を物理的形状として表したものだからです」（ズル、2002年、P.9）。キルケゴール <Kierkegaard> は、類似した見解を、生理学的というより哲学的な観点から、次のように提示しています。「他者の学習を効果的に支援するには、学習者が理解していることについて、その学習者が理解したように理解する必要があります」（キーガンからの引用、1994年、P.278）。しかし、いまだに、多くの善意ある講師が、学術文献に書かれていることを繰り返し紹介するような方法で、学習者に新しい題材を教えようとしています。彼らは、自分の専門である広い分野の中にその教材を置き、全体像を伝えるところから始め、次に詳細な部分に狭めていこうとします。そして、前のコース内容とのつながりや、今後何が続くかを紹介しま

11. 英語圏で使われている、ト音記号の５線上の音の覚え方

す。学習者の理解にフォーカスを当てるのではなく、講師自身が理解していることにフォーカスを当てているのです。その背景には、学習者も自分と同じように理解するものだという考えがあります。講師は、そうした教え方が、学習者にとっても意味のある内容を創り出すと信じて、良かれと思ってやっているのです。しかし、そのようなケースで学習者が得られる具体的な経験は、講師自身が意味をつくるのを単に聞いているだけのようなものになってしまうかもしれません。

あるトピックに関する予備知識を、実質的にほとんどあるいはまったくもっていなかったとしても、成人の脳が白紙状態であることはありません。乳児でさえも、過去の経験（かなり限定されたものですが）をもって生まれてきます。そして、乳児の状況とは逆に、成人の脳は、ぎっしりと詰まっているのです。もちろん、素粒子物理学や中世史といったものと結びついている神経回路がたくさんあるわけではありません。しかし、たとえそうであっても、脳が新たなデータを処理する際には、何かしら経験的なつながりを探すアプローチを取るものなのです。もし成人の学習者が、そうした経験を生み出す機会を与えられなかったり、既存のつながりを見つけて、付け加えるよう促されなかった場合、その情報は、理解すべきものではなく、覚えるべきものとして扱われるようになるのです。

もし脳が経験を具体化するものならば、「行為」が「理解」に先立つといえます。思考の発達においては、特にそういえます（エデルマンとトノーニー、2000年）（本書、シェクリイとベルによる第６章参照）。心は脳が体をモニタリングすることから生じるものです。そのため、自分を取り巻く世界についての知識は、最初に自身の生物システムのフィルターを必ず通ることになり、その次に私たちを囲む世界との精神的、社会的な相互作用のフィルターへと進みます（本書、ジョンソンによる第８章参照）。しかしながら、「こうした相互作用は、情報を直接転移させることではありません」（エデルマンとトノーニー、2000年、P.216）。情報を自分のものにするためには、その意味を構築する必要があるのです。私たちは必然的に、意味をもらう存在ではなく、意味を創り出す生命体であるのです。

脳の機能に基づいて考えると、新しいトピックを教えるには、全体像を話すことから始めるよりも、成人の学習者がそのトピックに「立ち返る」ことができるような経験から始めるアプローチのほうが効果的といえます。トピックに「立ち向かう」のではないのです。たとえば、成人発達理論を教える場合を考えてみましょう。一般的なアプローチでは、最初に心理学の分野における、発達に関した研究の概要を紹介するところから始めるでしょう。そして次に、年齢、ステージ、人生の役割等についての様々な発達理論の特徴の説明が行われ、併せてそれぞれの理論を提唱した主要な理論家が紹介されるでしょう。

それとは対照的に、経験に基づいたアプローチでは、学習者自身が、自分の人生において重要な個人的、職業的なマイルストーンを年表として簡単にスケッチしてもらうことから始めます。次に、クラスを年齢や性別ごとの小さなグループに分けて、それぞれの年表を組み合わせながら、共通する物語や、そのグループの特徴をよく表している典型的な人生の旅路を明らかにします。そして、グループごとのこうした「典型的」な物語を、全体で比較するよう促すことで、性別や年齢群による違いを明確にしながら、発達が進む過程のフレームワークを描いていくのです。

こうしたフレームワークを描いた後に、主要な発達理論についての文献を読む課題を与えます。この時点で、学習者は、最初に自身の発達の旅路を振り返り、そして後に、経験を基にした活動における内省や発見を通して、発達に関する学習の具体化を行ってきています。そのため、コースの教材は、学習者がこれまでに具体化してきた学習の幅をさらに広げるためのものとして活用されます。これにより、成人の発達を、新しく異質なコンセプトとしてではなく、それぞれが生きた事例となる、より身近なものとして捉えられるのです（こうした経験に基づいた活動については、テイラー、マリーノー、フィドラーが2000年に上梓した『ディベロッピング・アダルト・ラーナーズ（Developing Adult Learners）』により詳しく紹介されています。この論文は、私が脳の機能に関する研究を目にする前に書かれたものですが、一致する点が多くあります）。

新たなことを学習する上で、入門編の知識（言い換えると、「高度にまとめられたもの」）が、役に立つときもあります。しかし、その内容がもっぱら教える人の知識や経験に基づいたものであれば、脳は（パターンを探す器官として）、そこに意味あるつながりを見出しません。教える人の多くは、大抵の場合（おそらく無意識に）、学習者が、与えられた課題を読んでいるうちに、必要なつながりを見つけてくれるものと想定しています。しかし、多くの成人の学習者は、長年の学校教育の中で、学習とは、次の試験までに情報を蓄えることであると捉えてしまっているため、課題図書に取り組む際にも、学校教育での学習の仕方とまったく同じアプローチを取ってしまいます。

それとは逆に、自分がすでに知っていること（つまり、自分の心身が経験したこと）と新たな情報との関連を生み出したり、予期するといった経験があると、成人は受け身的な読者から、能動的な読者へと移行しやすくなります。例えて言うと、シナプスがつながる準備ができていると、文献を読むという行為が、与えられたタスクを達成する以上の意味をもつものになるのです。このため、ある特定のテーマに関する専門性を「すでに」もっている人、言い換えると、過去の経験に基づいた既存の神経回路をたくさんもっていて、新しい情報と結びつけることのできる人にとっては、テキストを読む、講義を聴く、あるいは単によく考えてみるといった行為が、「具体的な経験」と同程度に効果的となるのです。

経験に主眼を置いた学習戦略は、過去の知識や暗黙知を呼び起こす活動によって、新しいテーマの導入に限らず、学習プロセスのどの時点においても学習性を高めます（本書、シェックリーとベルによる第６章参照）。そうした活動には、個人のナラティブ（語り）や記述学習などが含まれます。

ナラティブ（語り）、ジャーナル（記録）、自伝、記述学習

見出しで挙げたこれら４つの教育法のツールは、それぞれ別々に検証することも可能ですが、「明確に表現するプロセスを通じて学ぶ方法である」という共通する特徴があります。各ツールに関しては、広範な研究リソースや文献があるので、この章では詳細な説明は行いませんが、ここでは、こうした教育法や学習のメソッドと、脳の学習や変化の関係について述べてみたいと思います。

ナラティブ（語り）

ニューロサイエンスの分野では、脳に変化をもたらすために、個人のナラティブ（語り）がいかに重要であるかについて、説得力のある説明がなされています。「言語･非言語による感情の表現を伴った、目的志向であり、リニア（線形）なストーリーを展開する組み合わせが、左脳と右脳、そして皮質と皮質下の双方に活性化をもたらします。脳内で起こるこうした同時発生的な活性化は、感情や思考、行動、知覚が、同時に、または交互に活性化することによって、脳内のシナプスをつないだり、つなぎ直したりするのに必要なものかもしれません」（コゾリーノ、2002 年、PP.169 ～ 170）。そして、この種のストーリーテリングの効果は、口頭で語られたものであっても、記述されたものであっても、治療を目的とした環境のみに限定して適用されているわけではありません。

正しい答えを導き出すことを目的とせずに、自分の思考プロセスに沿った形

で、自分の経験やあるトピックに関する感情を語る場所と時間が与えられた場合、成人はコゾリーノが述べたようなナラティブ（語り）の行為に参加することになります。ステファン・ブルックフィールドは、同様のアプローチを活用しており､それを「重要な出来事」のアクティビティと呼んでいます（1990年）。このアクティビティでは、学習者が、自身の職業経験の中で特にチャレンジングであったことについて詳細に記述するよう促されます。そして記述したものが、その後ロールプレイングの演習で活用されたり、自己分析や同僚との議論を継続させるためのきっかけになったりします。

このように、同僚や教育者とともにナラティブ（語り）を構成することは、学習を確かなものとするための重要な要素であるといえます。なぜなら、「私たちの脳は､言語および意味のある社会的関係性によって構築されるからです。ナラティブ（語り）を通して、私たちは、意識的記憶の中にある知識、感覚、感情、そして行動を組み合わせますが、それは意識下部にある神経回路の統合につながるのです」（コゾリーノ、2002年、P.292）。

ジャーナル（記録）

ジャーナル（記録）は、ナラティブ（語り）のプロセスの一部が分化したものとして考えられます。フィリス・ウォールデン（Phyllis Walden）は、「成人の学習者はジャーナル（記録）に取り組むことで『知識は自身と他者によって構成され、真実は文脈に依存する』ということを理解しながら成長する」という見解を述べています（1995年、P.13）。彼女は、フリーライティング、リスト作成、プロゴフの飛び石のエクササイズ、そして１分間探求などを含む、多くの有名なテクニックを用いることで、成人が独自の考えを見つけて活用したり､「現状を把握したり､自身の過去の歴史を振り返ったり､未来を創造する」ことを支援しています（P.19）。このことは、ジョセフ・ルドゥが著作『シナプティック セルフ（Synaptic Self)』（邦題『シナプスが人格をつくる』）の中で、「最小の自己」と「ナラティブ（語り）の自己」には相違があることを繰り返し紹介しています。「最小の自己」とは、直近の自己の意識を指しており、「ナラティブ（語り）の自己」は、自分が語る過去と未来の物語にまで広がった、一貫した自己の意識を指しています（2002年、P.20）。

自伝

自伝もまた、ナラティブ（語り）やジャーナル（記録）と関連があります。ただし、自伝は、主に過去の経験にフォーカスが置かれています。ルイス・コゾリーノ（2002年）は、ニューロサイエンスと心理療法の理論の重なりについて述べながら、次のように提唱しています。「自伝的記憶は、自己の物語を創造し、現在の情動の調整を可能にしたり、未来に向けた、恒常性の維持機能（ホメオスタシス）を支えます。成人がそうした記憶にアクセスすると、『神経回路の統合の最大化』と組織化が起こります」(P.63)。

また、自伝的ナラティブ（語り）に取り組むことは、認知の複雑性を高め、自己の認識を変化させることにつながります。「自分が何者であるかは、人生の経験によって形づくられることを踏まえると、潜在記憶と顕在記憶の双方の蓄積が、自己の形成と維持の過程において、重要な役割を担うメカニズムを構成します。顕在化したシステムの中で学習され、蓄積された自己の特徴が、自覚的な特徴を規定します。自己を認識するためには、自分が何者であるかの理解についての長期記憶を呼び戻し、思考の中心に置く必要があります」（ルドゥー、2002年、P.28)。しかし、その一方で、前面に出ていない、潜在化し、隠れている自己のパートが、私たちのあり方や行動のすべてに影響を与え続けるのです。そのため、潜在化していた思考のシステムにおける特徴を顕在化できるのであれば、より柔軟で包括的に、自己の認識の仕方を発達させることができるといえます（この点については、後述する変形学習やリフレクションを扱うセクションで、さらに深堀りします)。

PLA（Prior Learning Assessment：過去に得た学習のアセスメント）は、自分のこれまでの経験や学外での活動から学んだことを単位として認めてもらうために書く半自伝的なプロセスであり、多くの教育者が活用しています(キートン、1976年)。アナリー・ラモラウ（Annalee Lamoreaux）の示唆に富んだ分析（2005年）では、PLAのプロセスを通して変容を遂げた成人の学習者は、前述した「発達の目的」に沿った成果を上げることが指摘されています。その成果には、学習者が経験学習を肯定すること、暗黙知の学習の役割についての意識をもつこと、多様な視点を取り入れることができる能力を拡大すること、そして「自分自身の視点を意識的につくり、修正し、保持することへの気づきを得ること」などが含まれます（P.76)。ラモラウによると、たとえば、学習者が自分の経験を客体として見られるようになると、次のように発言するようになったとのことです。「あなたはそれを紙に書き表しています。それは**そこ**

にあります。白黒で書かれています。あなたは自分自身の思考プロセスを**読んでいる**のです・・・。そして、私がそうするとき、私は次のことを自問します。これが**本当に**私が価値を置いていることでしょうか？　これが本当に**私が**考えていること、学んだこと、伝えたかったことでしょうか？　そして私はそれを見ます。すると**まさにそこ**にあるのです」(強調は原著によるもの、P.107)。

ラモラウは、学習者本人が、こうした自分自身の進化に気づくことを説明する際に、地図のアナロジーを用います。最初に学習者は、地図を自分が特定の場所にどのようにたどり着いたかを示すためのものとして捉えています。２番目に、地図は作る人の想定によって、作られ方が多様になるということを発見します。３番目は、最も洗練された気づきです。それは、私たち一人ひとりは地図を作ることができる存在であり、地図の価値は、私たちが地図を作るプロセスをいかに認識しているかによって変わる、というように捉えるのです。

記述学習

記述学習は、ナラティブ（語り）のプロセスの一般的な形式として捉えられており、前述したように、自己発見のための主要なツールといえます。記述学習は、口頭でのナラティブ（語り）と同等の価値があり、自分の思考を捉えて、より詳細に、そして具体的に、散文形式で記述することで、「認知を統合し、評価し、再調整するプロセス」を一段先に進めることができます。そして、このことは、未来の心理学の機関に向けて、「一連の原理」を提示するものになるかもしれません（コゾリーノ、2002年、P.170)。口述される物語、リフレクションや分析を通して再構成される物語には、「自身や自分の人生を新たな様式で経験させてくれるような､潜在的な力があります。自身のナラティブ(語り）を編集することで、私たちは記憶の編成や性質を変容させます。そして、心のみならず、脳も再編成するのです」(P.103)。

そうしたナラティブ（語り）のプロセスが欠落すると、成人は、思春期の終わりに内在化した物語、つまり周囲の社会文化的な環境によって構成された物語を維持し続けるかもしれません（キーガン、1994年)。人生のある時点において、自分が属している文化で規定されている成人としてのルールを自分のものとして取り込むことが適切である場合もあります。その一方で、それは世界観をかなり限定してしまうことにもなります。しかし、自分の世界観であるがゆえに、それが限定的なものであることに気づくことが難しいのです。眼は、自分の眼を見ることはできません。「自分自身をどのように考えるかは、私たちがどうあるか、またどんな人間になるかに大きな影響を及ぼします。自己のイメージは、自己永続的なのです」（ルドゥ、2002 年、P.320）。しかし、心理療法が実証しているように、ナラティブ（語り）には、異なる物語を語る潜在的な力があり、自身の認知を変容させ、現在進行中の自身を再編集する戦略を推し進める可能性を秘めています。

正解のない学習（Nonveridical Learning）

多くの教育では、「正解のある学習」に主眼が置かれています。それは、ある目的のために構成された問題に対する正しい答えを得る学習のことです。ズル（2002 年）によると、正解を得るために使われる脳の部位は、比較や解釈、概算を必要とする意思決定を行うために使われるところと異なります。正しい答えを得るときの作業は、言語活動の領野が存在する前頭葉で行われます。それはすでにルールが明らかになっている構文を適用するようなものです。それとは対照的に、多面的な観点から問題を検証するには内省が必要となり、それは後頭葉を中心として行われます。また、複雑な神経回路の中で、脳が探索、分類、統合作業を行うため、時間を必要とします。単に学習範囲を広くカバーすることをねらいとした学習では、知識を新たに構成して、新たな意味を見つけるための十分な時間が与えられないかもしれません。しかし、ギブズ（Gibbs）（1992 年）が述べたように、教える側がもつ学習者の習得度に関する認識は、学習者がもつ認識と同じとは限らないのです。

また、正解のある学習では、記憶と関連のある脳の部位が主に活用され、具体性のある過去に視線が向かう傾向があります（本書、ケインとケインによる第７章参照）。一方、あまり構造化されていない問題に取り組む際には、計画を立て、意思決定や選択を行う脳の部位が必要となります。そのとき、学習者は創造的で、視線は未来に向いています（ズル、2002 年）。そうした構造化されていない問題は、答えの出し方が自由で、可能性のある解決策が数多く考えられ、構造的な問題と比べても現実世界で起きる可能性がずっと高いものでもあります。不幸にも、「私たちの教育システム全体は、正解のある意思決定を教えることを基盤としています。学習者を中心に置いた、適応的な意思決定の戦略は、まったく教えられていないのです。そうした学習は、個々人が試行錯誤することによる認知的な発見として、独自で習得されています。学習者を中心に置いた問題解決の原理を明確に教える方法をデザインすることは、教育者が取り組むべき最も重要なチャレンジといえます」(ゴールドバーグ、2001年、P.83)。

問題に基づく学習(Problem-based Learning)やケーススタディが、正解を求めないように構成される場合、ゴールドバーグが述べた価値あるチャレンジにかなうように思われます。内省を学習のプロセスとして含む経験学習の活動の多くは(テイラー、マリーノー、フィドラー、2000年)、脳の適応可能な回路を活性化させる可能性があるといえます。

変形学習(Transformational Learning)と内省

コゾリーノ(2002年)は次のように述べています。「ニューロサイエンスと心理療法は同じ仮説を基本前提としています。それは、健康や機能を最適に保つことは、高いレベルの成長と統合を遂げることに関連するという前提です。神経学では、この成長と統合は、感情や認知、知覚、行動につながる神経回路の統合や伝達と同等のものとして扱われています。心理学では、統合とは、防衛反応をできる限り小さく抑えながら、人生の重要な局面を経験する能力と捉えられています」(P.26)。

解放学習や変形学習に関するメジローの言葉は、同様のことを思い起こさせます。そうした学習は、「異なる視点に対してオープンなだけではなく、包括的で、違いを見極めることができ、経験を統合的に捉える思考のあり方を生み出します」(1991年、P.156)。一方、そのような思考のあり方を学ばなかったり、発達させなかった人は、「強固で、極めて防衛的な思考のパターン」をもつようになります(P.156)。これは、脳の機能や心理療法の観点から、最適な健康と機能を構成することが、成人教育のゴールの1つであることを示唆しています。認識論的にいって、こうしたことがより複雑な成人の特徴であるのは、決して偶然ではありません(キーガン、2000年)。

変形学習の実践では、会話と批判的内省に基づいた意味の構築が重視されています。そうした内省的な学習は、自分自身や他者の想定を発見し、それに挑むことで行われます。それは、新たな意味の視点を確立するための1つのステップといえます。こうして得られた新たな視点は、現状の考えを再構成するだけにとどまらず、質的にも複雑な理解や認識を生み出します(キーガン、2000年)。ゴールドバーグ(2001年)によると、「実行脳」とも呼ばれる前頭葉は、人間の脳を構成するすべての要素の中で最も「人間的」で「文明化した器官」（PP.23 ～ 24）として位置づけられており、こうした成果が生まれる中心的な場所といえます。

このように認識（認識論）の形態（form）が質的に変化することは、知識を得たり、行動を修正することと比較しても、より「変容的（trans-form-ative）」です（キーガン、2000 年、P.49）。キーガンは、彼の構成的発達モデルの中で提示しているように、現代社会を「学校」に例え、現代社会に生きる私たちに課せられた一連の複雑なタスクと期待をその学校の「カリキュラム」とする教育的メタファーを使って、これらの重要性について説明します。多くの成人は、精神的な思春期の終わりに、人生とはどのようなもので（あるいはどのようなものであるべきで）、自分は誰なのか（または誰であるべきか）に関する信念を自らの内側にもっています。そして、自分がもつその信念を認識し、疑うことが、発達上、重要な課題であるといえます。しかし、これは矛盾した試みでもあります。なぜなら、それには自分自身の認識の仕方を検証する、つまり、自分のレンズを通してものを見るのではなく、自分の知覚レンズそのものを見つめる必要があるからです。

脳が新たな構成をいかに生み出すかに関するゴールドバーグの説明は、キーガンによる心理学的な説明（2000 年）と驚くほど似ています。「生命体は、内的な表象や外界のモデルを単に**形成**する能力を超えて、そうしたモデルを**操り、変容**させる力を習得しなくてはいけません。つまり、世界を自分のメンタルモデルを**通して**見ることを超えて、メンタルモデル**に**働きかける能力が必要となるということです」（強調は原著によるもの、ゴールドバーグ、2001 年、P.25）。

自分の視点を変容させることは、しばしば私たちを生き生きとさせてくれる一方、対価を伴わないわけではありません。自分の選択のもととなる前提を疑うことは、新しく、魅力的な選択につながるかもしれませんが、家族やコミュニティ、文化の多くは、変化よりも継続性に重きを置いています。こうした状況の中で成人が成長し、発達するために必要な支援については、ケアとしての教育を扱った**セクション**でより詳しく議論することにします。

コゾリーノ（2002 年）は次のように指摘しています。「自己内省的な言語を使うには、高いレベルの神経回路の統合が必要とされるでしょう…**反射的（Reflexive）**な言語は、サバイバルの真っただ中におけるストレス要因に反応して、人を刹那に押しとどめます。一方、**内省的（Reflective）**な言語は、現在の瞬間から離れて、自身の反応的な行動を外側から見る視点を与え、自分が何をどのように変えたいのかについて意思決定を行う力を生み出します」（強調は引用者、PP.293 ～ 294)。（通常の使い方と少し異なりますが）ここでいう反射的（Reflexive）とは、反応的、自動的、即座といったことを意味し、考え抜くといったことではありません。その反対に、内省的（Reflective）とは、考察、熟考、思慮といったことを意味します。

これは、批判的内省と呼ばれる、第三の内省についてのメジローによる説明（1991 年）と同類です。メジローは、批判的内省を、変形学習になり得るものとしています。第一の内省は、仮説演繹による問題解決であり、これは自然科学の基礎といえます（たとえばハリケーン・カトリーナの後、「高い堤防と湿地帯の修復をいかに組み合わせると、将来のハリケーンによる洪水の被害を最小限にできるでしょうか？」といった問いが尋ねられるといった具合に）。第二の内省では、内省の対象の範囲を、個別の問題や取り込むことが可能な解決策の中味について考えることを超えて、問題の背景や他の解決策へのアプローチへと広げます。この第二の内省では、特定の状況や固有の事象から、より広範囲な状況に適用される分析へと視点がシフトします（「誰が、どのように意思決定しますか？　また、自然災害の後に、何を再建しますか？」)。しかし、さらに広い視点から捉えると、批判的内省には、特定の状況を問題とさせている、想定や前提そのものを問うことが含まれます。解決策を見つけようとせずに、その問いが何であるのか、なぜそうした問いが投げかけられるのかに、私たちの視点が向かうと、「認識的・心理的な前提」に対する内省や変容が促されます（メジロー、1991 年、P.105)。（「人と自然環境の関係性についての私たちの考え方が、将来何を、どこに再建（あるいは構築）するのか、またしないのかといったことに、どのように影響を及ぼすでしょうか？」）

正解のある学習では、メジローがいうところの第一の内省しか必要としません。「多様な視点」で見ることは、第二の内省を必要とするかもしれません。しかし、第二の内省が、たとえば、単に異なる見解をもつ両者の意見を引き合いに出すだけというような、道具的な手段として行われるのであれば、それは自分自身の想定を疑うのを避けることにつながりかねません。批判的内省を効果的に促すためには、前提についての内省や、「弁証法的な前提」の論理（メジロー、1991 年）を含むような学習環境をつくり出す必要があります。数あるツールの中でも、ジャーナルやナラティブ（語り）、そして記述学習などの活動は、そうした内省に向けたきっかけになり得ます。しかし、こうした活動を生かして変形学習を促進するには、「前提を特定したり、評価することを通して導かれる必要があります」（ゴールドバーグ、2001 年、P.117)。そして、そのような心理的な活動は、実行脳で行われます。

前提を内省し、疑問を投げかけることは、自分自身や自分の世界に対する理解の仕方に、徐々に変化をもたらします。また、そうした変化は、回り回って、新たな信念や行動のフレームワークとなります。バイル（Vaill）（1996年）は、こうした変化を「あり方の学習」と呼んでいます。また、バイルは、恒常的なチャレンジが求められ、常に変化が起きている今日の世界を「途切れない急流」と名づけ、このような世界でこそ、実質的で、意味深く、持続的な学習が重要であると主張しています。それを裏づけるように、メントコフスキー（Mentkowski）のチームは（2000年）、「持続する学習」に関する長期的な変化を扱ったリサーチの中で、次のような発見をしています。「学習者は、自身に深く根づいた信念や想定を内省することで、変容的な発達のチャレンジを受け入れ、自己の認識を、より広い世界に存在する自分たちの認識へとシフトさせることが可能となります」（P.202）。

感情の役割とケアとしての教育

感情は認知の底流にあるものです（ダマシオ、1999年）。前述したように、経験はどんなものであれ、脳に影響を及ぼし、生体の化学反応を変化させることにつながります。こうした変化が感情の基質となります。感情を認識することで、私たちは、自分が現状について何を知る必要があるのかを、その感情が教えてくれる感覚をもちます。ホルモンは、私たちが熊から逃げたり、愛する人のもとへ向かうよう、誘導してくれます。またホルモンは、私たちの学習する能力を高めたり、反対に阻害したりもします。「そうか！ これは何だろう？もしかしたら何か面白いものかもしれない･･･」というふうに、脳が活性化すると（ケインとケインは「静かな注目」と呼んでいます）、私たちの学習能力が高まることにつながります。そのとき、脳は、ポジティブで、受容的に、周りへの意識を高めます。しかし、顕在的･潜在的な恐れ（たとえば「講師が私を指そうとしているが、私は答えを知らない」といったもの）の影響を受けてホルモンが流れ出ると、脳の学習は低下します。実際に、「思考が感情に及ぼす影響よりも、感情が思考に及ぼす影響のほうが大きいのです」（ズル、2002年、P.75）。

長期記憶は、長期に渡って継続する神経のパターンによって構成された回路といえますが、特に感情の影響を受けやすいという特徴があります。一般的に、最初の経験に伴う感情が強ければ強いほど、記憶は長く継続します。例外は、最初の経験がトラウマとなり、断絶が起きてしまうときです。こうした状況において、記憶は深く埋められ、完全にアクセスできなくなってしまうかもしれません（本書、ペリーによる第３章参照）。記憶は、経験とひもづけされた感情が具現化したものです。つまり、単に「起きた出来事」ではなく、「起きた出来事に対して、体がどう反応したか」を示しています。記憶の大半は潜在的なものであり、私たちが意識的に自覚することはないものの、脳は自覚しています（グラッドウェル <Gladwell>、2005 年）。そのため、たとえば新たに出会った人が、過去に愛したり、嫌った人に似ていると、その人と関連する脳の神経回路が活性化します。そして、たとえ意識的に両者が似ていることに気づかなかったとしても、喜びや憎悪の反応が即座に起きるかもしれません。

不幸にも、「進化は、不安遺伝子を好むのです」（コゾリーノ、2002 年、P.235）。私たちの祖先が抱いていた恐れやそれに対する反応が大きければ大きいほど、そうした恐れや反応は生き残り、再生されやすくなります。しかし、今日のような脅威の小さな世界では（少なくとも即座に危険に陥ることは少ないという意味で）、恐れは、私たちの効果的な力や幸せを制限する傾向に向かいます（ここで述べている恐れとは、神経症として診断可能なものではなく、潜在的な脅威に対する警戒を常に抱くことで生命を維持していた穴居生活の祖先が、生物物理学的に私たちに残してきたものを指します）。自己認識は複雑性が高く、より高い次元の脳の機能によって起こります。そして、私たちの理解のあり方の変化に対応して神経回路を変化させる潜在的な力をもっています。しかし、前述したように、そうした自己認識は、自身が恐れや防衛反応を感じているときに得ることはできません。「**安全**で、**共感的な関係性**は、脳内にニューロンの再組織化をもたらす、感情的で神経生物学的な環境を構築します。また、成人がニューロンを再組織化することに伴うストレスに対する耐性を高め、緩衝材や足場の役目を果たします」（コゾリーノ、2002 年、強調は原著、P.291）。言い換えると、より複雑な認識の発達に伴う、成人の神経回路の創造（あるいは再生）のプロセスにおいては、必ず不快感が発生するため、そうした感情に対するサポートが必要となるのです（本書、ジョンソンによる第８章参照）。

こういったことを踏まえて、冒頭のエディターズノートで紹介したテーマに立ち返ってみたいと思います。それは、成人学習の教育者とセラピストとの違いについてです。私たちは、学習者の感情的な状態に注意を払いますが、「心理療法を施している」わけではありません。心理療法は、私たちが実施するトレーニングの中で行われるものではありません。教育者の中にはカウンセリングのバックグラウンドを有している人もいるかもしれませんが、心理療法は教育者の専門的役割としてはふさわしくありません。それでもなお、本書で紹介された教育や学習のアプローチから得られる成果の多くが、専門的なカウンセリングから得られる成果と同等であるということは事実です。そうした成果には、自己認識の拡大、不安の減少、自己責任の向上、認知的複雑性の増加などがあります。ダローは、こうした成果を育む教育者の適切な役割のことを「ケアとしての教育」と呼び、紹介してきました。

教育を通して、自身が成長したり、変化することを経験している人であっても、断崖絶壁に立っていると感じることもあるかもしれません。「特に主観を再構成することを伴う変形学習は、極度に恐れを抱かせるような感情的な経験になることがあります。そうした経験の中では、自身の考えのもととなる想定、および変化の必要性に対する感情的な反応をサポートするものの双方を自覚しなければなりません」(メジロー、2000年、PP.6～7)。ブルックフィールドは、「あるコミュニティにおいては、前提にある想定に疑問を投げかけるような学習を行うことは、『文化的自殺』につながる」という有名な言葉を残しています(1990年、P.153)。

ここまで述べてきたように、記述学習、物語の協働創出、そして様々な形で行われる自己の内省は、気づきや成長を促進します。そして、こうした学習経験は、支援的な関係性のもとで行われると最も効果的となります。近年の脳の研究に関する文献が公開される以前に、ラリー・ダロー（1999年）は、メンターの物語を用いて、新たな認識や理解の仕方を得る学習の旅路を他者が支援する際の関係性について記述しています。他人の成長経験に関心をもったり、ケアすることは、簡単に解説できるものではありません。しかしその中でも、ダローの研究は、成人の学習者に関する、印象的で、意味深い説明を与えてくれます。「学習にとって最も重要なのは知識を得ることではないと考えることができると、教育とは与えられるものであるという見方を手放すことができます。学習とは成長であり、成長には信頼が必要だとすると、教育とは信頼を育てるものであり､成長に向けて愛情を込めた世話を行うことであるといえます。それゆえ、教育とは、まさにケアの行動なのです」(ダロー、1999年、P.237)。

ただし、このケアや愛情を込めた世話には、たくさんのチャレンジが含まれています。すべての発達のもととなる「支持的な環境」に関するキーガンの説明が、それを明確に示しています。生涯に渡る支持的な環境に関するキーガン（1982年）の考え方は、ウィニコットによる乳児の研究がベースとなっています。その研究では、乳児は、たとえ食事を与えられ、服を着せられ、家を与えられたとしても、「支持」されなければ、健康的に育たないということが示されています。

キーガンによると、支持的な環境は、「つかむ」「手放す」「そばにいる」という３つのパートで構成されています。この３つのパートは、「確認」「矛盾」「継続」と表されることもあります。学習環境において、「確認」のパートでは、自分がうまくできたことにフォーカスさせ、努力を称賛し、たとえ小さな成果でも褒めることで、学習者を認めます。「矛盾」では、学習者をストレッチさせ、そのとき快適と感じているところを超えることを支援します。運動競技のコーチと同じく、教育者はさらなる努力を促し、高くてかつ達成可能な基準を設定し、自分がまだ達成していないことに成人がフォーカスできるよう支援するのです。「継続」のパートでは、成人の学習者の中から自分のあり方が次第に現れ、それが関係性の構造を変えることを受け入れます。学習者と教育者およびメンターの間の力の差がなくなり、対等の存在として確立され、仲間や協力者、あるいは共に学ぶ者となるのです（ブルーム、1995 年）。成人学習者のこのようなシフトが、１つのコースの中だけで起こることはほとんどありませんが、学校に在学している間と比較すると、卒業した後のほうが起こりやすい傾向があります。

サポートとチャレンジのバランスを取るようアプローチするメンターと関係を築くことの有効性は、脳の機能について書かれた文献の中でも裏づけられています。「私たちは、愛情の込もったケアと、適度なストレスのバランスが取れた環境の中で、最も効果的な発達と統合を経験するのです」（コゾリーノ、2002 年、P.62）。

終わりに

この章で扱われたテーマには、かなり重複するところがあることに気づかれたかもしれません。たとえば、批判的内省を行うには、ジャーナル（記録）や自伝が知識を構成する（あるいは再構成する）手段となり得ます。同様に、難構造の問題に取り組むことは、前提に対して疑問を投げかけることにつながり、視点の変容をもたらします。こうしたアプローチはすべて、学習者が支持的な環境やメンターとの関係性で支えられていると感じるときに、最も効果を発揮します。また、こうした教育や学習の戦略は、コルブの学習サイクルの中でも述べられています。

ただし、私たちは、脳の機能について書かれた文献が、成人学習にとっての「賢者の石」であると主張したいのではありません。また、教育の領域における私たちの同僚たちが、脳の構造についてスラスラと説明できるようになることも想像していません（私たちもそうしたことはできません！）。この書籍が、教育や学習の実践に関する対話の境界を拡げることを強く願っているのです。

そして、重要なのは、成人学習の教育に携わる私たち自身もまた、生涯に渡って続く発達に関与し、学習者にもたらすのと同様のチャレンジを、自分も経験するのだと認識することです。教育者としての自分自身の役割についての信念に疑問を投げかける考え方が現れたときに、私たちはどのように反応するでしょうか？　自身の実践に影響を与える多様な考え方をいかに取り入れることができるでしょうか？　自分の経験を確かなものにしてきたたくさんのやり方もありますが、脳の機能について書かれた文献は、自分の快適なゾーンを拡げてくれます。たとえば、私自身、たくさんのなじみのない解剖学の言葉に取り組む必要があり、そのことにイライラすることがありました。私はたくさんの分厚い本を、自分のそばにある必読書として積まれている書籍の中にずっと置いたままにしておきました。学習者に対して何かしらのアクションを取る必要や責任が生じるまで、何カ月も放置していたのです。私は押しつけられた要求（！）に抵抗したり、憤慨していました。しかし、その一方で、多くの成人学習者が、学習者としての自分自身の役割に関する思い込みに疑問が投げかけられるときに、どのように感じるのかについて、この体験を通じてかつてないほど明確に理解することができたのです。

コゾリーノは次のように記述しています。「神経回路の成長と統合は、すべての素晴らしい学習の生物学的なメカニズムなのです。学習には、子どものしつけから、教育、心理療法まで含まれます。自己の認識の領域を拡げたり、新たな情報を学んだり、想定された限界を超えるといったチャレンジはすべて、私たちの脳を変容させるのです」（2002 年、PP.290 ～ 291）。そして、より重要なのは、こうした新たな認識は、個人の脳を変容すること以上のポテンシャルをもっているということです。「もしあなたが、ある対象**を**ある特定の形**で**認識するようになったとすると、別の形も**あり得る**と認識するようになります」（強調は原著、マートンとブース、1997 年、P.207）。そうした認識が発達すると、成人は受け身的ではなくなり、環境の変化にうまく対応できるようになります。そして、個人的、職場、また政治的な意思決定について考えるようになります。また、より公正で、人間的で、平等な経済や社会の構造の必要性を認識することができるようになります。つまり、皆が共有する健全な社会の実現に向けて、より思慮深く、責任感をもって、有能に取り組むようになるのです。こうしたすべての理由から、私たちは、成人の学習者や私たち自身が、このような認識をもてるよう後押しする研究に熱意をもって取り組むのです。

参考文献

Bloom, M. "Multiple Roles of the Mentor Supporting Women's Adult Development." In K. Taylor and C. Marienau (eds.), *Learning Environments for Women's Adult Development: Bridges Toward Change.* New Directions in Adult and Continuing Education, no. 65. San Francisco: Jossey-Bass, 1995.

Brookfield, S. D. *The Skillful Teacher.* San Francisco: Jossey-Bass, 1990.

Cozolino, L. *The Neuroscience of Psychotherapy: Building and Rebuilding the Human Brain.* New York: Norton, 2002.

Daloz, L. A. *Mentor: Guiding the Journey of Adult Learners.* San Francisco: Jossey-Bass, 1999.

Damasio, A. *The Feeling of What Happens: Body and Emotion in the Making of Consciousness.* Orlando: Harcourt Brace, 1999.

Edelman, G. M., and Tononi, G. *A Universe of Consciousness.* New York: Basic Books, 2000.

Gibbs, G. *Improving the Quality of Student Learning.* Bristol, UK: Technical and Educational Services, 1992.

Gladwell, M. *Blink: The Power of Thinking Without Thinking.* New York: Little, Brown, 2005.

Goldberg, E. *The Executive Brain: Frontal Lobes and the Civilized Mind.* New York: Oxford University Press, 2001.

Keeton, M. *Experiential Learning.* San Francisco: Jossey-Bass, 1976.

Kegan, R. *The Evolving Self: Problem and Process in Human Development.* Cambridge, Mass.: Harvard University Press, 1982.

Kegan, R. *In Over Our Heads: The Mental Demands of Modern Life.* Cambridge, Mass.: Harvard University Press, 1994.

Kegan, R. "What Form Transforms? A Constructive-Developmental Approach to Transformational Learning." In J. Mezirow and Associates (eds.), *Learning as Transformation.* San Francisco: Jossey-Bass, 2000.

Kolb, D. A. *Experiential Learning: Experience as the Source of Learning and Development.* Upper Saddle River, N.J.: Prentice Hall, 1984.

Lamoreaux, A. "Adult Learners' Experience of Change Related to Prior Learning Assessment. " Unpublished dissertation, Walden University, 2005.

LeDoux, J. *The Synaptic Self: How Our Brains Become Who We Are.* New York: Penguin Books, 2002.

Marton, F. "Phenomenography and 'the Art of Teaching All Things to All Men.'" *International Journal of Qualitative Studies in Education,* 1992, 5(3), 253—267.

Marton, F., and Booth, S. *Learning and Awareness.* Mahwah, N.J.: Erlbaum, 1997.

Mentkowski, M., and Associates. *Learning That Lasts: Integrating Learning, Development, and Performance in College and Beyond.* San Francisco: Jossey-Bass, 2000.

Mezirow, J. *Transformative Dimensions of Adult Learning.* San Francisco: Jossey-Bass, 1991.

Mezirow, J., and Associates. *Learning as Transformation.* San Francisco: Jossey-Bass, 2000.

Siegel, D. J. *The Developing Mind.* New York: Guilford Press, 1999.

Taylor, K., and Marienau, C. "Constructive-Development Theory as a Framework for Assessment in Higher Education." *Assessment and Evaluation in Higher*

Education, 1997, 22(2), 233—243.

Taylor, K., Marienau, C., and Fiddler, M. *Developing Adult Learners: Strategies for Teachers and Trainers.* San Francisco: Jossey-Bass, 2000.

Vaill, P. *Learning as a Way of Being.* San Francisco: Jossey-Bass, 1996.

Vygotsky, L. *Mind in Society: The Development of Higher Psychological Processes.* Cambridge, Mass.: Harvard University Press, 1978.

Walden, P. "Journal Writing: A Tool for Women Developing as Knowers." In K. Taylor and C. Marienau (eds.), *Learning Environments for Women's Adult Development: Bridges Toward Change.* New Directions in Adult and Continuing Education, no. 65. San Francisco, Jossey-Bass, 1995.

Zull, J. E. *The Art of Changing the Brain.* Sterling, Va.: Stylus, 2002.

著者紹介

第1章

ジェームズ．E．ズル（James E. Zull）

ケース・ウエスタン・リザーブ大学生物学教授。

同大学における教育イノベーションセンター創設理事兼名誉教授。

第2章

ルイス・コゾリーノ（Louis Cozolino）

神経科学者。ペパーダイン大学心理学教授。

スーザン・スプロケイ（Susan Sprokay）

ペパーダイン大学心理学部大学院在籍。

第3章

ブルース・ディー・ペリー（Bruce D. Perry）

神経科学者、児童青年精神科医。テキサス州ヒューストンのチャイルド・トラウマ・アカデミーシニアフェロー。

第4章

コリン・A・ロス（Colin A. Ross）

コリン・A・ロス・トラウマ・インスティテュート代表。

第5章

パット・ウォルフェ（Pat Wolfe）

教育コンサルタント。現在の神経科学や認知科学の知見を生かし、教育分野で実践。

第6章

バリー・G・シェックリー（Barry G. Sheckley）

コネチカット大学レイ・ニーグ・スクール・オブ・エデュケーション教授。教育リーダーシップ学科の成人学習プログラムのセクション長を兼務。

サンディ・ベル（Sandy Bell）

コネチカット大学レイ・ニーグ・スクール・オブ・エデュケーション准教授。教育リーダーシップ学科の成人学習プログラムのセクション長を兼務。

第7章

ジョフリー・ケイン（Geoffrey Caine）

ケイン・ラーニング・インスティテュート、ディレクター。また、プロセス・ラーニングのコーチも務めている。

リネート・ヌメラ・ケイン（Renate Nummela Caine）

ケイン・ラーニング・インスティテュート、エグゼクティブ・ディレクター。

第8章

サンドラ・ジョンソン（Sandra Johneson）

エンパイア州立大学においてメンターを務めている。

医療ソーシャル・ワーカー。ニューヨーク州立大学人材開発センター特別研究員。

第9章

キャスリーン・テイラー（Kathleen Taylor）

セント・メリーズ・カレッジ・オブ・カリフォルニア教育学部教授。

訳者紹介

川口大輔

株式会社ヒューマンバリュー取締役主任研究員。早稲田大学院理工学研究科を修了。外資系企業を経て、株式会社ヒューマンバリュー入社。学習する組織づくりの研究・実践に取り組む。近年は、大手企業や行政体を中心に、組織開発のコンサルティングや、全社規模での変革の推進支援、リーダーシップ・マネジメント開発、対話を基にした共創の場づくり等に携わる。

訳書に『ワールド・カフェ～カフェ的会話が未来を創る～』『組織開発の基本～組織を変革するための基本的理論と実践法の体系的ガイド～』（ヒューマンバリュー出版）がある。 １・２・８・９章担当。

長曽崇志

株式会社ヒューマンバリュー取締役主任研究員。上智大学法学部を卒業後、東京銀行（現三菱東京ＵＦＪ銀行）入行。その後、ソニー株式会社、人材開発系ベンチャーを経て現職に至る。大手企業からベンチャー企業に至るまで対話をベースとした未来創造型のマネジメントへと組織を変革する取り組みや変革をリードするためのリーダーシップ開発などの支援を中心に行っている。また、「学習する組織勉強会」を主催し、組織変革を推進する人々とのネットワークづくりや実践的なナレッジ生成の支援を行っている。近年行っている調査・研究の対象は、パフォーマンスマネジメント、神経科学、マインドフルネスなどである。　３・４・５・６・７章担当。

■大脳皮質の主な領野

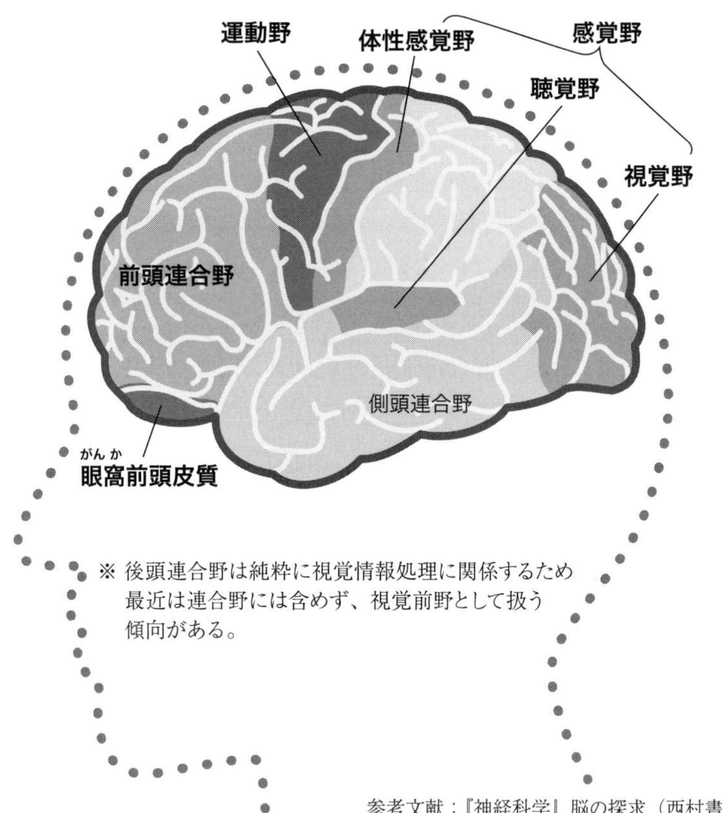

※ 後頭連合野は純粋に視覚情報処理に関係するため最近は連合野には含めず、視覚前野として扱う傾向がある。

参考文献：『神経科学』脳の探求（西村書店）

■大脳辺縁系

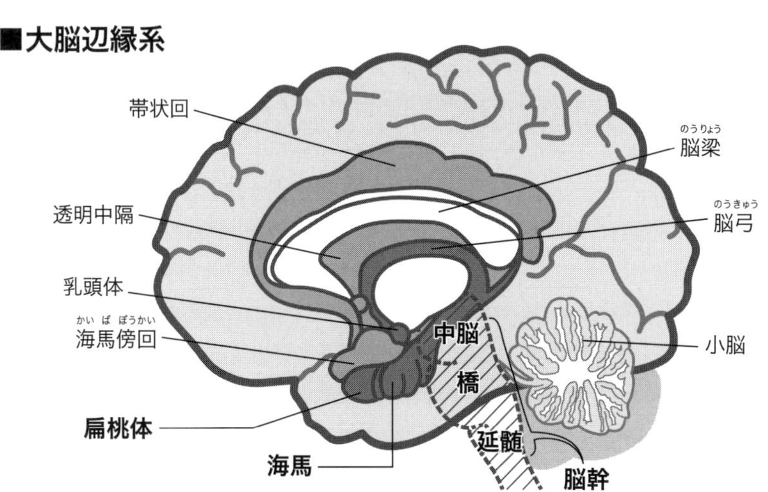

脳科学が明らかにする大人の学習
— ニューロサイエンス・オブ・アダルトラーニング

2016 年 8 月 2 日　初版第 1 刷発行

編著者……… サンドラ・ジョンソン、キャスリン・テイラー
訳　者……… 川口大輔、長曽崇志
発行者……… 兼清俊光
発　行……… 株式会社 ヒューマンバリュー
〒102-0082 東京都千代田区一番町 18 番地 川喜多メモリアルビル 4 階
TEL : 03-5276-2888（代） FAX : 03-5276-2826
http://www.humanvalue.co.jp/hv2/publish/
装　丁……… 株式会社志岐デザイン事務所　小山巧
制作・校正 … 株式会社ヒューマンバリュー
印刷製本…… シナノ印刷株式会社

落丁本・乱丁本はお取り替えいたします。
ISBN 978-4-9906893-6-0

ヒューマンバリューの出版への思い

株式会社ヒューマンバリューは、組織変革・人材開発の質の向上に貢献することをミッションとしています。その事業の一環として、組織変革・人材開発の潮流をリサーチする中で出会ったすばらしい理論・方法論のうち、まだ日本で紹介されていない重要なものを書籍として提供することにしました。

翻訳にあたっては、著者の意向をできるだけ尊重し、意味のずれがないように原文をそのまま活かし、原語を残す形でまとめています。

今後新しい本が出た場合に情報が必要な方は、下記宛にメールアドレスをお知らせください。

book@humanvalue. co. jp